CHARLES,
ROI D'ANGLETERRE

DU MÊME AUTEUR

Georges Duby, an 1000, an 2000, sur les traces de nos peurs, entretiens conduits par François Clauss (Europe 1) et Michel Faure (*L'Express*), Textuel, 1997.

« Liberté, j'écris ton nom », entretiens avec Mario Vargas Llosa, *Revue politique internationale*, automne 2003.

L'Espagne de Juan Carlos, pays prospère, nation fragile, Perrin, 2008.

Au cœur de l'espoir, en collaboration avec Éric Cheysson, Robert Laffont, 2012.

Une histoire du Brésil, Perrin, 2016.

Cuba, Paris, Éditions du Chêne, coll. « Grands Voyageurs », 2016.

Cuba en 100 questions, Tallandier, 2017.

« Augusto Pinochet, tyran libéral », *Le Siècle des dictateurs*, sous la direction d'Olivier Guez, p. 331-347, Perrin/Le Point, 2019.

L'Arrogance du bistouri, les confessions d'un chirurgien sans masque, en collaboration avec Éric Cheysson, Hugo & Cie, 2019.

Augusto Pinochet, Perrin, 2019.

Traductions

David Rothkopf, *La Caste*, Robert Laffont, 2009.

Jonathan Franklin, *Enterrés vivants, la véritable histoire des 33 mineurs chiliens* (en collaboration), Robert Laffont, 2011.

Izzédine Abulaish, *Je ne haïrai pas*, Robert Laffont, 2011.

Peter L. Bergen, *Chasse à l'homme, du 11 septembre à Abbottabad, l'incroyable traque de Ben Laden*, Robert Laffont, 2012.

Boris Johnson, *Une autre histoire de Londres*, Robert Laffont, 2013.

Qais Akbar Omar, *Kaboul était un vaste jardin, histoire d'une famille afghane*, Robert Laffont, 2014.

Kate Williams, *Joséphine, désir et ambition*, Robert Laffont, 2015.

Un royaume d'olives et de cendres (26 écrivains, 50 ans de territoires occupés), Robert Laffont, 2017.

Michael Wolf, *Le Feu et la Fureur*, Robert Laffont, 2018.

MICHEL FAURE

CHARLES,
ROI D'ANGLETERRE

l'Archipel

Un livre proposé par Liliane Delwasse

Notre catalogue est consultable à l'adresse suivante :
www.lisez.com/larchipel/45

Éditions de l'Archipel
92, avenue de France
75013 Paris

ISBN 978-2-8098-2860-3

Introduction

Écrire sur le prince Charles, c'est à la fois conter le récit d'une longue attente et façonner le portrait d'un personnage dont le sort ne tient qu'à un fil, celui de son utilité. Plus que les chartes anciennes et les traditions séculaires, elle détermine la légitimité du prince à prétendre devenir roi.

La monarchie britannique n'a aucune raison démocratique d'exister : elle ne repose que sur le sentiment, parfois fluctuant, d'un consensus populaire à son endroit. Or celui-ci est fragile. Une étude de l'institut YouGov publiée en 2019 montre un moindre intérêt en faveur de la monarchie chez les jeunes Britanniques âgés de dix-huit à vingt-quatre ans. Seulement 41 % d'entre eux sont d'avis de la conserver[1].

La monarchie révèle son utilité quand ses sujets approuvent sa façon de les représenter, sa manière d'offrir stabilité et dignité à leur nation, de préserver son unité, donc l'ordre et la sécurité. On l'aime aussi parce qu'elle est posée là, dans ses châteaux, depuis longtemps, et que sans elle, le pays ne serait plus tout à fait le même. Ce

1. https://yougov.co.uk/ratings/politics/popularity/royalty/millennials.

consensus cependant reste précaire, ayant connu, au fil des années, des hauts et des bas.

« Le peuple aime à critiquer ses chefs[1] », écrivait Eschyle, et Charles en sait quelque chose. Cet homme, le plus souvent bienveillant, fut la victime d'un malheur privé – son mariage sans amour avec Diana suivi de la mort de cette dernière – et son avenir de roi sembla soudain remis en question. On évoqua alors l'hypothèse du retrait de Charles en faveur de son fils William. Mais c'est oublier les traditions du pouvoir monarchique, qui ne badine jamais, dans quelque pays que ce soit, avec les règles de succession.

Depuis, le prince a remonté la pente, tout comme sa cote de popularité – mais bizarrement, cet heureux retournement n'a pas découlé de ses activités de mécénat, de ses visites de fermes, d'hôpitaux, de marchés de village, de ses œuvres charitables ou encore de ses nombreux voyages de représentation. Il semble plutôt provenir du fait qu'il apparaît désormais comme un septuagénaire heureux, allègre et amoureux.

Sans doute, après ses tourments privés, le prince a-t-il retrouvé une stabilité émotionnelle qui lui permet enfin de donner aux Britanniques l'image de la constance, de la tradition, de la décence et de la puissance du royaume, comme l'a toujours fait sa mère.

La Couronne est l'incarnation d'un royaume uni, serein et prospère, riche de son histoire, avec la pompe et le protocole d'une vieille nation qui n'aurait pas encore tout à fait compris qu'elle a perdu son empire. Depuis le Brexit, elle retrouve quelque chose de son « splendide isolement », et Charles s'accommodera sans doute de cette situation insulaire comme si rien n'avait vraiment changé. Un monarque, ici ou ailleurs, incarne la stabilité, tandis qu'à l'étage du dessous, les élus s'empoignent. « Le roi plane, pour ainsi

1. *Les Suppliantes*, Garnier-Flammarion.

dire, au-dessus des agitations humaines[1] », écrivait Benjamin Constant.

Charles, qui aime à faire entendre son avis sur les nombreux sujets qui lui tiennent à cœur, saura-t-il conserver cette réserve ?

Toujours un peu raide, et pourtant bon vivant, distant mais sympathique, il incarne à merveille ce mélange des contraires qui fait son charme et celui de son pays. L'aristocrate ami des éleveurs de moutons, l'anglican affichant son respect pour l'islam, l'écolo roulant en Bentley, l'amoureux des jardins bio et le dandy en kilt, le prince qui va dans les quartiers difficiles inciter des jeunes démunis à apprendre un métier ou à renouer avec leurs études...

Le prince de Galles, un homme qui rêve d'harmonie et d'œcuménisme, a de multiples facettes. Petit prince malheureux et introverti, il est devenu un adolescent réservé et intense, d'une spiritualité singulière, se forgeant une personnalité propre, à contre-pied des désirs et habitudes de la famille royale. Puis, entre devoir et amour, le jeune homme a connu les blessures et le drame, finalement adoucis par la constance des sentiments. Aujourd'hui, l'homme vieilli, serein, heureux et amoureux, attend toujours, mais sans impatience, une autre vie. Celle de roi.

---

1. *Principes de politique*, Hachette, « Pluriel », 2006.

Tête de Massimo
– Atelier Sculpture Magali
– déjeuner avec Elisabeth
6 Mars 2025
– Pierre au téléphone - Piano

Prologue

Le magicien

Et voici, *ladies and gentlemen*, le grand Tommy Cooper, ce magicien génial et géant, vêtu d'un smoking et coiffé d'une chéchia rouge, qui évolue sur les planches du Her Majesty's Theatre, situé dans le quartier londonien de Westminster. Sa seule présence amuse les spectateurs. Il a pour routine de rater la plupart de ses tours de magie avec un effet comique imparable et en réussit d'autres au moment le plus inattendu. Ce type est un grand maître, sur scène depuis près de quarante ans, un stakhanoviste de la farce, connu pour avoir dans sa jeunesse participé à cinquante-deux spectacles en une seule semaine. Son assistante, jolie blonde en robe décolletée, entre en action et aide Tommy à enfiler une large tunique orientale. Se tournant vers la jeune femme, Cooper lui lance *« thank you, love »*. Il pose la main sur son cœur, comme pour souligner ce remerciement, puis grimace, s'effondre lentement et s'assied sur les planches, sous les rires de la salle. L'assistante sourit et quitte la scène. Ramassé sur lui-même, Cooper tombe à la renverse, la tête contre le rideau, et il meurt, victime d'une crise cardiaque, sous les applaudissements et les rires des spectateurs, qui ont pris son décès pour un gag.

Cette mort extraordinaire fut télévisée et vue en direct par des milliers de téléspectateurs du programme *Live from Her Majesty's* le soir du 15 avril 1984. Elle a sans doute ému le prince Charles, pour de nombreuses raisons.

D'abord, Tommy Cooper était le magicien préféré de la reine Elizabeth, selon le mari de celle-ci, Philip, duc d'Édimbourg, cité par John Fisher dans sa biographie de Tommy Cooper[1]. Il fut invité à plusieurs reprises au château de Windsor pour amuser la famille royale, petits et grands. Dont le jeune Charles et sa sœur Anne, ou Philip qui, par deux fois, au Variety Club, en 1955 et en 1964, servit de compère au magicien. Cooper, aimable prolétaire et ancien garçon boucher, était sinon un ami, du moins une personnalité appréciée par la famille royale pour sa bonne humeur et ses talents de comédien.

De plus, Tommy était gallois, né le 19 mars 1921 à Caerphilly, ville du sud du pays de Galles, donc sujet du prince. Une statue de bronze y honore sa mémoire, dévoilée en 2008 par un autre Gallois célèbre, l'acteur Anthony Hopkins. Elle se trouve près du château local, forteresse moyenâgeuse de pierres grises dans laquelle Charles, en juillet de la même année, offrit un grand dîner pour fêter les cinquante ans de sa couronne princière.

Enfin, si Tommy Cooper pratiquait la magie, Charles aussi. Il était membre du Magic Circle, Charles également. Les candidats voulant être admis dans ce cercle, dont le siège se trouve non loin de King's Cross, à Londres, doivent passer une épreuve démontrant leur talent. Ainsi, le 28 octobre 1975, le jeune prince exécute devant un jury une manœuvre appelée *Busker cups and balls trick*, un classique du bonneteau qui exige un grand art de la manipulation pour faire disparaître ou réapparaître de petites boules de

1. *Always Leave Them Laughing*, Londres, Harper, 2007.

couleurs différentes avec trois tasses d'aluminium. Charles s'en sort très bien, il est reçu parmi ses pairs, les magiciens – lesquels l'amusaient encore en novembre 2018 lors d'une soirée à Londres célébrant son soixante-dixième anniversaire. Le Magic Circle apparaît dans la longue liste des quelque cinq cents organisations placées sous son généreux patronage.

Rien n'indique que cet attrait de Charles pour les tours de magie aille au-delà de l'intérêt d'un amateur. Mais tout de même, cet art de tirer par les oreilles un lapin de son chapeau, de défier la réalité des choses, de révéler l'inattendu, présente quelques ressemblances avec le métier du prince, même si ses occupations ne constituent pas un vrai métier, bien qu'il y travaille beaucoup. Constante, multiforme, son activité exige voyages, discours, poignées de main, poses de gerbes, sourires, hommages, découpages de rubans et salutations distinguées, souvent aussi le port d'uniformes divers et parfois exotiques… Mais elle reste hors norme puisqu'elle consiste, disons-le sans fioritures, à attendre la mort de sa maman et à prendre sa place sans la nécessité d'une élection démocratique. Rien d'étonnant à ce qu'aucun statisticien de Sa Gracieuse Majesté n'ait encore trouvé de nom pour désigner cette activité pour l'introduire dans une catégorie socio-professionnelle.

Anciens et modernes

S'il n'a pas de métier, Charles a des idées – des lubies, selon certains –, dont la pensée magique n'est pas toujours absente. Avocat de l'homéopathie, des médecines douces, des nombres ésotériques, du dialogue avec les plantes, des cultures indigènes, des religions des autres, lecteur enthousiaste de William Shakespeare, de Carl Jung et des aventures de Harry Potter, le prince est un homme bien intentionné. Il voudrait vivre avec ses sujets dans une Angleterre harmonieuse dotée de jardins bio et d'édifices Tudor, nimbée d'une atmosphère décarbonée et un paysage ponctué de forêts primaires. Il a les moyens, sinon de réaliser ses rêves, du moins d'en établir l'ébauche dans la réalité. Ainsi une bourgade anglaise, Poundbury, faubourg de Dorchester, dans le Dorset, fut imaginée puis édifiée en 1994 et se développe depuis lors selon les règles de l'idéal architectural du prince. Lequel révèle sa préférence des Anciens comparés aux Modernes et relance ainsi, sur la base nouvelle d'une pensée holiste de la nature, la vieille querelle du XVIIe siècle qui opposa Boileau, pour qui tout était mieux avant, à Charles Perrault, qui vénérait le temps présent et Louis XIV, son « Roi-Soleil ». En cherchant bien, on trouve dans la brouillonne *Digression* de Bernard de Fontenelle[1], écrite sur ce sujet en 1688, un verdict définitif : « Rien n'arrête tant le progrès des choses, rien ne borne tant les esprits, que l'admiration excessive des anciens. »

Le chic anglais n'est pas moderne

Charles, on peut le lui pardonner, n'a manifestement pas lu Fontenelle. Et d'ailleurs, le prince plaide-t-il vraiment en faveur des Anciens ? Il semble plutôt chercher l'harmonie et son nombre d'or, et vénérer les traditions, ce qui ne signifie pas tout à fait la même chose. Il aime la pompe royale, les grands défilés, les beaux uniformes, les vieilles demeures. Et comme il souhaiterait que nous les aimassions aussi (ce n'est pas le moment de flancher devant un imparfait du subjonctif), il joint l'exemple à la démonstration pour tenter de nous convaincre, avec entre autres Highgrove, son palais proche de Tetbury, dans les Cotswolds, cerné d'un jardin magnifique et écolo, au désordre rigoureux et charmant. Cette évidence de la supériorité de la beauté classique sur l'architecture contemporaine rappelle une vérité : le chic anglais n'est jamais moderne. Il apprécie les colonnades, les

1. « Classiques Garnier », 2016.

rideaux de soie, les meubles anciens, les tableaux d'ancêtres, les vieux chiens et les Land Rover Defender, les Barbour raccommodés, les tweeds avec renforts aux coudes, les chasses à courre dans la verte campagne. Mais Charles, traditionaliste extraordinaire, s'est révélé souvent aussi en avance sur son temps – donc « moderne », à sa façon – sur au moins trois sujets : l'agriculture, l'écologie, l'œcuménisme.

Ce qui ne l'empêche pas de faire des affaires. Visiter Highgrove coûte un peu plus de 30 euros par personne. Il est interdit d'y prendre des photographies, mais d'autres sont vendues à la boutique des « Royal Gardens », ainsi que des souvenirs, outils de jardins, livres de botanique, porcelaines et reproductions d'aquarelles du maître des lieux, tout un bazar chic estampillé du blason princier, trois plumes blanches dans une couronne dorée. On y trouve également un bar où prendre une coupe de champagne ou le thé de 5 heures, ainsi qu'un restaurant. La principale entreprise du prince de Galles, Duchy Originals, située en Cornouailles, offre désormais aux clients des supermarchés Waitrose, nouveau propriétaire de la marque, des yaourts *organic* et des biscuits d'avoine fabriqués sans intrants chimiques, dans un paysage bucolique de fermes dispersées ceintes de haies où nichent les oiseaux.

La Dame de fer et le prince rebelle

S'il n'avait pas été destiné dès sa naissance à siéger un jour sur le trône du Royaume-Uni, Charles aurait sans doute opté pour la révolution. Il faut lire, pour le croire, les premières lignes de son livre, *Harmony*[1], publié en 2010 : « Ceci est un appel à la révolution. La Terre est en danger. Elle ne peut répondre à toutes nos exigences. Elle est en train de perdre son équilibre, et nous, les humains, en sommes la cause. » Il s'agit, bien sûr, d'une *révolution*

1. Avec Tony Juniper et Ian Skelly, Londres, Harper, 2010.

environnementale, *A Sustainability Revolution*, écrit Charles. Sauf que l'environnement est aussi un sujet politique, et dès lors, ni le prince, ni la Couronne ne devraient s'en mêler, disent les juristes et les politiciens. « C'est moi qui gouverne ce pays, *sir*. Pas vous », déclara un jour à Charles le Premier Ministre Margaret Thatcher, lasse des nombreux courriers du prince aux membres de son gouvernement. Mais la Dame de fer s'adressait à un « prince rebelle[1] » qui tente depuis longtemps de restreindre le cercle des contraintes institutionnelles attachées à son statut.

« Le monde occidentalisé s'est enfermé dans le cadre étroit d'une approche *mécanistique* de la science », écrit-il dans *Harmony*. Charles nous encourage à « nous immerger dans la grammaire et la géométrie de la Nature [la majuscule est de lui], qui nous conduisent souvent à acquérir une vision philosophique remarquablement profonde ».

La planète Windsor

Animé par une sympathie à l'égard de la pensée magique et par une empathie louable pour le commun des mortels, Charles souhaite améliorer notre sort et le monde imparfait dans lequel nous vivons, même si pour sa part il réside ailleurs, dans la galaxie du Gotha, sur « la planète Windsor » – pour citer Catherine Mayer[2] –, où la génuflexion relève d'une obligation, et les titres nobiliaires d'un bric-à-brac poétique inattendu. Charles est ainsi officiellement nommé Son Altesse Royale, « HRH[3] » pour les intimes. Non seulement prince de Galles et comte de Chester, il porte les titres de duc de Cornouailles, duc de Rothesay, comte de Carrick, baron Renfrew, lord des Îles,

1. Tom Bower, *Rebel Prince, The Power, Passion and Defiance of Prince Charles*, Londres, William Collins, 2018.
2. Charles, *The Heart of a King*, Londres, WH Allen, 2015.
3. *His Royal Highness.*

prince et grand-steward d'Écosse. Ce qui suggère des habitudes encore féodales et un patrimoine foncier qui flotte à des années-lumière de nos pavillons de banlieue. Malgré tout, Charles pense à nous, pauvres Terriens. Il veut contribuer à nous installer dans un monde pacifié et harmonieux. Ce magicien amateur aimerait nous entraîner dans une longue chaîne de cercles vertueux. Attendons donc de voir ce qu'il va sortir de son chapeau claque…

Le futur roi

Né le 14 novembre 1948, Charles, fils aîné d'une remarquable nonagénaire, est déjà septuagénaire. Des rumeurs évoquant la possible abdication de la reine en sa faveur ont été démenties avec fermeté et il semble donc probable que la souveraine tienne la promesse faite lors de son sacre : régner jusqu'à sa mort. Laquelle n'est peut-être pas pour demain, vu la longévité de la reine mère, Elizabeth Bowes-Lyon, décédée à l'âge de cent un ans en 2002.

Charles sera-t-il roi ?

Nous ne savons rien de la santé de la reine ni de celle de Charles, mais à les voir, assis côte à côte en grand apparat pour l'ouverture du parlement, par exemple, il est évident que le poids des ans pèse sur leurs épaules. Coiffée d'une couronne, la première, aussi pâle que sa robe blanche, de grandes lunettes sur le nez, lit le discours de son gouvernement d'une voix ferme, mais avec une élocution lente et monotone. Une fois debout, on la voit voûtée et plus petite qu'autrefois. À son côté, le visage rubicond, serré dans son uniforme militaire, le prince semble sur le point d'éclater comme un ballon. Ses doigts paraissent gonflés et son cou est légèrement penché en avant. Ni l'une ni l'autre n'ont l'air en très grande forme. Mais sans doute ne faut-il pas se fier aux apparences. Quand elle organise un dîner à Buckingham ou dans une autre de ses résidences, la reine continue à patienter debout de longs moments pour saluer tous ses invités un à un avec un mot gentil et un sourire charmant. Charles, quant à lui, répond avec constance aux obligations d'un agenda chargé chaque année de plusieurs centaines d'engagements aux quatre coins du royaume et dans le reste du monde. Il goûte aussi des nourritures souvent épicées et des boissons fermentées parfois un peu trop exotiques. Peut-être survit-il à toutes ces agapes, à ces marchés de village et à ces dîners de gala en ne déjeunant jamais… et en buvant très peu afin de ne pas interrompre ses visites pour filer aux toilettes. Au moindre coup de fatigue, entre deux rendez-vous, assis sur le siège arrière de sa limousine, il croque quelques biscuits d'avoine arrosés de thé Darjeeling conservé chaud dans sa bouteille thermos. Mais le soir, souvent, il s'offre un bon whisky.

Si Charles est toujours vivant à la mort de sa mère, il ne fait aucun doute qu'il lui succédera, en écartant l'hypothèse fort improbable d'une révolution républicaine et, bien sûr, celle aussi d'une maladie physique ou mentale le rendant incapable de régner. S'il accède au trône, son fils aîné William deviendra alors prince de Galles et profitera des revenus du duché de Cornouailles, tandis que son père pourra compter sur le fonds du duché de Lancastre, créé en 1399 pour répondre aux besoins des souverains d'Angleterre (et qui gère actuellement plus de 500 millions de livres).

Par ailleurs, l'opinion publique ne devrait pas l'empêcher de régner. La mort de Diana est un souvenir triste, mais désormais lointain, et la colère du peuple à l'encontre de Charles et de Camilla a disparu avec le temps devant l'évidence de la tendresse, du bonheur du couple, de sa constance, et finalement de sa décence, de sa dignité.

Pour l'instant, sans que cela soit dit, le prince de Galles joue déjà le rôle de régent, remplaçant sa mère lors de certaines cérémonies et voyageant en son nom à l'étranger. La reine limite ses déplacements au Royaume-Uni, et le fait souvent en train royal décoré dans le style de l'Orient Express, son mode de locomotion préféré, racontent les invités à bord.

Charles prend aussi la place qu'occupait jadis son père dans tous les événements du calendrier royal. Philip, duc d'Édimbourg, né le 10 juin 1921 à Corfou, a décidé de se retirer de la vie publique en 2017.

Quel genre de roi pourrait-il être ?

Charles sera un vieux roi. Même si sa mère abdiquait en sa faveur, il s'assoirait sur le trône à un âge suffisamment avancé pour ne pas modifier les habitudes depuis longtemps figées dans un cadre résistant aux nouveautés. Déjà psychorigide dans sa jeunesse, puis persuadé d'avoir raison face aux experts et aux professionnels en désaccord avec lui, Charles n'est jamais revenu sur les fondements de sa pensée. Laquelle reste axée sur sa théorie holiste d'une nature harmonieuse, d'une complexité divine si mystérieuse que seuls le sentiment, l'intuition et la sensibilité peuvent l'appréhender.

Le prince est et restera sans doute toujours, y compris sur le trône, rétif au matérialisme, au rationalisme, à l'esprit des Lumières, accusé de promouvoir un divorce entre la Nature et l'Homme. Cette rupture volontaire de l'harmonie lui semble insensée au sens propre du terme. À ses yeux, elle inaugure l'ère du déséquilibre global provoqué par la vanité des hommes qui croient pouvoir dominer le destin. Selon Charles, seuls les intuitifs, vierges de toute influence matérialiste, sont encore capables d'entendre, d'accepter et d'aimer la nature.

Un roi écologiste ?

Pionnier de l'écologie et fervent défenseur de l'économie circulaire, le roi pourra toujours surfer sur la vague de la lutte contre le changement climatique et ainsi – mis à part les scientifiques climato-sceptiques, les industries très carbonées et quelques contribuables jugeant la facture fiscale un peu trop salée – n'aura-t-il que des amis. Il les trouvera même parmi les Européens du continent, lancés dans la vaste ambition d'un « Pacte Vert » censé atteindre une « neutralité carbone » en 2050 au prix d'une dépense de 100 milliards d'euros. Pour son initiatrice, la présidente de la Commission européenne, Ursula von der Leyen, l'écologie relève d'une « obligation morale, humaine et politique urgente ». Voilà qui devrait réconcilier le royaume et le continent. Peut-être le prince – dont la veine autoritaire s'exprime dans ses diktats urbanistiques, ses remontrances architecturales, sa façon de gérer ses locataires ou son personnel – ne déteste-t-il pas non plus l'autoritarisme évident du mouvement mondialisé de l'écologie politique qu'incarne fort bien Greta Thunberg, la jeune Suédoise chantre de la nécessité du déclin de l'industrie et de la consommation.

Un roi rebelle ?

Dans son livre *The English Constitution*[1], paru en 1867, Walter Bagehot offre au souverain trois maigres pouvoirs : être consulté, encourager, avertir[2]. Cette règle concerne l'ensemble de la famille royale, mais souvent Charles, « prince rebelle », ne s'y conforme pas. Il écrit des lettres

---

1. Oxford University Press, 2001. Il existe une traduction française ancienne, par M. Gaulhiac, publiée par Germer-Baillière à Paris en 1869 que l'on peut lire en ligne gratuitement sur Google Books.
2. En VO : « *The right to be consulted, the right to encourage, the right to warn* ».

– surnommées *Spider Letters*[1] pour leur graphie pointue – aux ministres du gouvernement, et fait connaître publiquement son opinion sur des sujets jugés d'ordre politique, comme l'alimentation, la santé, l'environnement, l'urbanisme ou l'agriculture. Si Charles a promis, une fois roi, de rester neutre et de ne pas s'immiscer dans les sujets relevant du gouvernement, on peut douter cependant qu'il devienne comme sa mère, si secrète et introvertie qu'on ne sait jamais rien d'elle, de ce qu'elle pense ou de ce qui l'émeut – à l'exception notable d'une tenue bleu et or aux couleurs de l'Union européenne portée peu de temps après le référendum anglais en faveur du Brexit.

Les consultations de la reine, ses avis ou ses avertissements sont toujours restés confidentiels, et tous ses interlocuteurs observent la règle du silence. Le futur roi saura-t-il s'imposer pareille contrainte, lui si prompt à faire connaître au public ses positions, ses avis, ses avertissements ? Et même s'il respectait cet adage, personne ne l'empêchera jamais de visiter des agriculteurs bio pour chanter les louanges de leurs productions, de visiter les réalisations d'urbanistes et d'architectes antimodernistes en disant tout le bien qu'il en pense, ni de trinquer, lors d'un dîner qu'il présiderait, à la gloire de la nature, des traditions, de l'artisanat, et de l'harmonie.

Un roi œcuménique ?

De même qu'il a promis de rester sage une fois sur le trône, il s'est engagé à devenir le défenseur de *la* foi, l'anglicane, dont il deviendra le chef, après avoir joué avec l'idée qu'il pourrait défendre *les* fois de tout le monde, y compris celles de ses compatriotes, nombreux dans le royaume, à vénérer un autre Dieu que celui des anglicans. Mais il est probable, et sans doute heureux, qu'il continue à traiter avec

1. En VF : les lettres « araignée ».

respect, et intérêt, les religions des autres. Il les aime pour leurs vertus qu'il juge universelles et convergentes dans ce qu'il appelle « la grammaire et la géométrie » de l'harmonie. Le roi Charles, futur chef du Commonwealth, ne sera jamais un intégriste anglican. Il aura à cœur de cultiver des liens étroits avec des nations catholiques, musulmanes, bouddhistes, animistes, et d'autres encore, comme il l'a toujours fait. Il y engage non seulement son intérêt intellectuel et spirituel, mais aussi ses obligations politiques et diplomatiques.

Un roi fainéant ?

Pendant son règne, Charles peut également abandonner tous ses combats et se reposer sur ses vieux lauriers, sans bruit et sans bouleverser les traditions monarchiques. Cette hypothèse serait plus probable encore si Elizabeth mourait centenaire, vers 2028, par exemple à l'âge de cent deux ans. En novembre de cette même année, Charles aura quatre-vingts ans, et même si un grand nombre d'octogénaires se montrent vaillants et pleins d'entrain, le nouveau roi pourrait se révéler fatigué de sa vie active de prince de Galles et réduire sa fonction au strict minimum protocolaire, préférant le jardinage et la peinture à l'eau.

Le prince changera-t-il de nom une fois couronné roi ?

Le 26 décembre 2005, Clarence House a démenti la rumeur selon laquelle le prince, en devenant roi, prendrait le nom de « George VII » en hommage à ses deux aïeux George VI, son grand-père, et George V, son arrière-grand-père. Ce changement de nom, qu'il aurait évoqué avec quelques amis, serait justifié par le mauvais sort réservé aux deux rois nommés Charles qu'a connus l'Angleterre. Le premier, Charles Ier, fut décapité à Whitehall en 1649, à la fin de la guerre civile, et son fils, Charles II, laissa derrière lui l'image d'un souverain débauché.

Malgré tout, le prince aurait finalement décidé de régner en tant que Charles III. À suivre…

Un roi néo-libéral ?

Les sujets de Sa Gracieuse Majesté se sont souvent inquiétés de savoir si le prince ne serait pas par hasard un peu trop à gauche. Lui qui s'intéresse tôt aux jeunes désemparés des quartiers déshérités, qui porte le message de l'islam en haute estime, qui s'émeut du sort des peuples indigènes menacés par la modernité fait montre d'une personnalité aux antipodes du conservatisme cultivé par la monarchie. Et malgré sa fortune, évaluée à quelque 400 millions de livres, il critique le gaspillage de ce qu'il appelle « la société du jetable ». Par ailleurs, son côté écolo dissimule à peine ses pulsions de « révolution », voire de « réaction », vis-à-vis de la modernité et du progrès.

Son inclination à l'intuition, son goût de l'harmonie, son rejet des Lumières et plus encore de l'esprit de Descartes rapprochent étrangement ce prince anglais qui se dit « vieux jeu » des « nouveaux économistes » libéraux adeptes de l'école autrichienne d'économie, dont l'un des plus éminents représentants fut Friedrich Hayek. Ce dernier, lui non plus, n'aimait pas Descartes, mais il jugeait cependant que « tuer l'idée du progrès » – crime que Charles semble parfois prêt à commettre avec les plus radicaux des écolos – « c'est assassiner le concept même de liberté[1] ».

---

1. Friedrich Hayek, *Law, Legislation and Liberty*. Routledge Classics propose une édition des trois tomes en un seul ouvrage broché. Dernière édition en 2012. Il existe une édition française, avec une préface de Philip Nemo et traduite par Raoul Audion : *Droit, législation et liberté*, Presses universitaires de France, 2013, en un seul volume broché de 960 pages.

Malgré ces différences, Charles a une forme de pensée proche de celle de Hayek, pour qui le cartésianisme relève d'une « conception fausse de l'esprit humain comme entité située hors du cosmos, de la nature et de la société ». Après tout, selon de nombreux libéraux, jamais personne n'a décrété ni inventé le marché. Lequel, lui aussi, même si Charles ne s'en est peut-être pas aperçu, constitue une harmonie mystérieuse. Sa « main invisible » évoque un mécanisme d'ordre naturel et spontané. Rien de cartésien dans cette affaire, pas de prémisses « claires et logiques », comme le réclamait Descartes. « Pour comprendre l'histoire de l'homme civilisé, écrit Hayek, nous devons nous défaire de la conception habituelle selon laquelle l'homme a construit sa culture avec sa raison et son intelligence. »

Imaginons un instant que Charles, chantre de l'intuition et amateur d'harmonie, découvre, une fois roi, les livres de Hayek. Il y retrouverait quelques-unes de ses émotions intuitives et se réconcilierait enfin, *post mortem*, avec Margaret Thatcher, qui affichait son admiration pour le grand économiste autrichien devenu citoyen britannique. Ainsi aurions-nous un roi d'Angleterre néo-libéral, et ce serait bien sûr une extravagante nouveauté dans l'histoire de la monarchie britannique.

Première partie

UNE ENFANCE « MISÉRABLE »

C'est un garçon !

Grâce au bulletin officiel de Buckingham du 4 juin 1948, l'Angleterre apprend que la fille aînée du roi George VI, Elizabeth, est enceinte, mais ce mot ne figure pas dans l'annonce, comme s'il s'agissait d'une indécence. « Son Altesse Royale la princesse Elizabeth, duchesse d'Édimbourg, ne prendra plus d'engagements publics à partir de la fin du mois. » Tout le monde comprend alors que la jeune princesse, qui avait épousé en grande pompe, en novembre 1947, un beau jeune homme désargenté, le prince Philip de Grèce, attend un bébé.

Et c'est un garçon, à la grande joie des sujets du royaume. Les cloches de toutes les églises d'Angleterre sonnent la bonne nouvelle et de l'eau bleue jaillit des fontaines publiques. Charles Philip Arthur George naît le 14 novembre 1948 dans la chambre de sa mère, à Buckingham Palace, tandis que le prince Philip joue au squash. Elizabeth nourrit son bébé au sein, mais ce charmant détail est une information tabou, l'auteur britannique Anthony Holden en fait l'expérience. Cité par Kitty Kelley[1], il raconte, trente ans plus

1. *The Royals*, New York, Grand Central Publishing, 1997. Édition française : *La Maison Windsor*, traduit par Alec Sichamp, Presses de la Cité, 1997, puis Pocket, 1998.

tard, avoir mentionné dans sa biographie de Charles[1] que la mère du prince avait nourri celui-ci au sein. « Je soumis le manuscrit au Palais et John Dauth, l'attaché de presse du prince, me téléphona peu après, au bord de l'hystérie.

"Il faut supprimer la phrase sur l'allaitement tout de suite !

— Mais pourquoi ?

— Parce qu'on ne peut pas parler des seins royaux." »

Holden, dépassé par la pudibonderie de la cour, supprima la phrase.

« Dickie » et « Dukey » à La Valette

Peu de temps après son mariage, Philip, devenu duc d'Édimbourg, s'ennuie à Londres dans son bureau de l'Amirauté – peut-être aussi à Buckingham, une bâtisse comptant dix mille fenêtres et cinq kilomètres de couloirs qu'Édouard VII appelait « le Tombeau » et George VI « la Glacière ». Il obtient de ce dernier de rejoindre à Malte son oncle et mentor, Louis, lord Mountbatten, dernier vice-roi des Indes, alias « Dickie », commandant de la flotte méditerranéenne, qui donne au duc, surnommé « Dukey » par son équipage, le commandement d'une frégate. Elizabeth rejoint vite elle aussi son mari marin, abandonnant son bébé de onze mois aux bons soins des nourrices de Buckingham. À Malte, la princesse ne fête pas la première année de son enfant, mais célèbre avec Philip le second anniversaire de leur mariage. Elle se plaît tant qu'elle reste à Malte pour passer Noël. Le petit Charles se retrouve à cette occasion avec ses grands-parents au château de Sandringham, la « maison de campagne » des Windsor, une bâtisse posée au cœur d'un parc de 3 200 hectares dans le Norfolk, à quelque

1. *King Charles III, a Biography*, Londres, George Weidenfeld & Nicholson, 1988.

180 kilomètres du palais de Buckingham, parcourus en Rolls-Royce Silver Wraith.

Après son retour à Londres, la jeune princesse amoureuse repart à Malte en mars 1950 annoncer à son mari qu'elle est à nouveau enceinte. En mai, elle revient à Buckingham et donne le jour à Anne le 15 août 1950. Pour l'occasion, Philip fait un aller et retour entre son île et Londres. En novembre, Elizabeth décide d'aller le rejoindre à La Valette, laissant cette fois-ci deux enfants aux nourrices pendant trois mois. En octobre 1951, Elizabeth et Philip font un voyage officiel de cinq semaines au Canada et une courte visite à Washington. Le couple n'a pas vu les premiers pas de leur fils, ni ceux de leur fille. Charles fête son troisième anniversaire sans ses parents. Son premier mot ne fut pas « maman », mais « nana », le surnom de sa nourrice. Quand Elizabeth devient reine, en 1952, il lui est plus difficile encore de caser ses enfants dans son agenda. Elle ne leur réserve plus que trente minutes le matin et un quart d'heure le soir, avant de les coucher, quand elle n'est pas en voyage.

« *Not you, dear* »

Le premier déplacement « officiel » de Charles a lieu en avril 1954. Il n'a pas encore six ans, sa sœur Anne en aura bientôt quatre. Les deux enfants embarquent à Portsmouth à bord du nouveau yacht royal, *Britannia*, afin de rejoindre leurs parents à Malte. Ces derniers reviennent d'une visite de dix pays du Commonwealth entamée en novembre 1953. Sept jours plus tard, le navire entre dans le port de La Valette. Le jeune prince se montre très impressionné par la marine anglaise, la pompe, l'effervescence autour de ce déploiement naval, l'élégance des officiers tout de blanc vêtus. Il commence à comprendre que sa sœur et lui ne sont pas des enfants tout à fait comme les autres, alors que les journalistes, à l'époque encore courtois et déférents, les photographient avec enthousiasme. « *Royal Children Steal the Show* » (« Les enfants royaux sont les vedettes du jour ») titre *The Manchester Guardian.*

Mais Charles se souvient aussi qu'Elizabeth, quand elle aperçoit son fils, tout excité de la revoir, se faufilant entre les files d'officiers anglais et de responsables maltais venus la saluer, ne le prend pas dans ses bras, ne l'embrasse pas non plus, mais lui dit « *Oh, no, not you, dear* » (« Non, pas toi, mon cher ») et continue de saluer les dignitaires alignés.

Une mère « plus détachée qu'indifférente »

La reine a appris très jeune à cacher ses émotions. Cette femme distante est respectée, mais peu aimable.

Quand son père, le prince Albert, dit « Bertie », deuxième fils de George V, est couronné le 12 mai 1937 sous le nom de George VI, sa fille aînée Elizabeth, la petite « Lilibet », née le 21 avril 1926, devient soudain l'héritière de la Couronne. Les vieux courtisans font désormais une courbette quand ils croisent cet enfant à Buckingham, où la famille a emménagé, quittant la grande maison aristocratique qu'elle occupait au 145, Piccadilly. Dans cet immense palais mal chauffé, Elizabeth a pour seule camarade de jeu sa sœur cadette, Margaret, née le 21 août 1930. Réservé, nerveux, grand fumeur, le nouveau roi bégaye un peu, surtout en public, et aurait préféré rester dans une relative obscurité, mais son frère aîné, Édouard, ne lui a pas laissé le choix.

Raisons du cœur et raison d'État

Ce dernier, joli garçon, playboy invétéré, mais apparemment sentimental, succède à son père (décédé en janvier 1936) sous le nom d'Édouard VIII, ne règne pas même une année. Il abdique le 11 décembre 1936, par amour, le cœur ayant ses raisons que la raison d'État ne connaît pas. À l'époque, un souverain anglais ne pouvait épouser une Américaine, en l'occurrence Wallis Simpson, sans pedigree aristocratique, ni anglicane ni vierge, et deux fois divorcée. Le couple vivra en exil à Paris, ostracisé par la famille royale.

La vengeance de la future « reine mère »

Elizabeth, la mère de la future reine Elizabeth II et de Margaret, est une très jolie femme, née au sein d'une famille aristocratique et fortunée d'Écosse. C'est elle qui a posé la règle interdisant à la famille royale de fréquenter Édouard et Wallis au cours de leur exil parisien. Dans cette vindicte, certains soupçonnent la vengeance d'une femme très connue pour son allant et son charme dans les fêtes de la jeunesse aristocratique d'avant-guerre, et qui aurait eu le béguin pour Édouard resté indifférent à son égard. Elle se tourna alors vers Bertie, le jeune frère d'Édouard, et cette union se révéla finalement très harmonieuse. Elle aurait aimé que ses deux enfants aillent à l'école (privée, bien sûr), ce qui aurait été une grande nouveauté au sein de la famille royale, mais choisir un établissement est un exercice périlleux risquant de provoquer déceptions et jalousies.

Une institutrice écossaise

Les deux jeunes filles vont donc suivre la vieille tradition d'une éducation royale *a minima* et à domicile. Une institutrice écossaise, Marion Crawford, que ses deux élèves surnomment « Crawfie[1] », va leur enseigner l'histoire et l'an-

---

1. Marion Crawford va inaugurer une longue tradition : la trahison du secret domestique de la famille royale, en publiant sans l'accord de la reine un livre intitulé *Little Princesses*, qui fut un immense succès. La dernière

glais, ce qui semble bien suffisant pour de futures épouses du gratin de l'aristocratie. Plus tard, Elizabeth apprendra aussi le français.

Son grand-père, George V, offre à sa petite-fille Elizabeth – qui l'appelait « Grand-Père Angleterre » – un poney pour son quatrième anniversaire. C'est le début d'une grande passion. Elizabeth II possédera de nombreux chevaux, dont des pur-sang vainqueurs de courses prestigieuses. On a vu des photos de la reine suivant les courses aux jumelles et éclatant de joie à l'arrivée. « Si je n'avais pas été qui je suis, j'aurais voulu vivre à la campagne entourée de nombreux chevaux et chiens[1] », déclara-t-elle un jour.

La mère des deux jeunes filles, Elizabeth, contrairement à son mari, assez austère, aime la vie et restera longtemps une figure positive et gaie, y compris après son veuvage. Devenue « reine mère » lorsque sa fille aînée lui succède, en 1952, elle s'installe à Clarence House et fréquente assidûment le bar, le restaurant et le salon de thé de l'hôtel Ritz, à deux pas de sa maison.

La fantaisiste et la routinière

Margaret est, comme sa mère, joyeuse et fantaisiste, tandis qu'Elizabeth se montre méticuleuse, pour ne pas dire obsessionnelle. D'après Marion Crawford, elle pouvait se lever la nuit pour vérifier que ses vêtements du lendemain étaient rangés et ses chaussures bien alignées.

Les deux sœurs resteront très amies et complices, malgré leurs différences. Margaret apparaîtra toujours, à côté de la sage Elizabeth, comme une princesse turbulente et rebelle. Alors que sa sœur, devenue reine, travaille et reçoit

---

édition en anglais a été publiée en format de poche par Orion en juillet 2003.

1. Citée par Marc Roche, *Elizabeth II, une vie, un règne*, La Table ronde, 2010, en poche chez Tallandier, 2016.

ministres et personnages importants, Margaret passe ses soirées en compagnie des Beatles, danse avec Mick Jagger ou papote avec Brigitte Bardot. Plus tard, elle préférera Hollywood à Buckingham et l'île Moustique à Balmoral. Très jeune, elle connaîtra un grand chagrin d'amour en raison des oppositions institutionnelles à son intention d'épouser Peter Townsend, écuyer de Philip, pilote de la RAF durant la guerre, mais hélas roturier, père de deux garçons et divorcé. Pour l'Angleterre de l'époque, une telle union est impensable. Elle rompt donc avec lui en 1955 et épouse le photographe Antony Armstrong-Jones cinq ans plus tard. Ce couple tumultueux aura deux enfants, David, en 1960, Sarah, en 1963, et connaîtra des hauts et des bas. Après plusieurs infidélités mutuelles, Margaret divorce, une première dans la famille royale. Grande fumeuse et amatrice de gin, elle meurt en 2002, deux mois avant sa mère.

Une vie bien réglée

Une fois reine, Elizabeth II gardera son sens de l'ordre et des priorités. Ses journées commencent à 7 h 30, au moment où sa femme de chambre frappe à la porte et pose sur son lit un plateau d'argent sur lequel reposent une tasse de thé Earl Grey non sucré et un pot de lait. Pendant qu'une gouvernante lui coule un bain dont l'eau doit atteindre une hauteur précise et une température déterminée que mesure un thermomètre en bois, la reine écoute les nouvelles sur sa station de radio préférée, BBC 4. Alors qu'elle prend son bain, son habilleuse prépare les tenues de la journée, adaptées à l'agenda prévu, et toujours de couleurs vives, afin que la souveraine puisse être vue de loin. Cette dernière est ensuite coiffée, avant de prendre, seule, un petit-déjeuner chaud dans un salon privé. Devant elle sont posés les journaux du jour et une revue de la presse quotidienne. Pendant ce temps, sous sa fenêtre, un musicien de la Garde écossaise joue un air de cornemuse, un des instruments préférés de la souveraine. Elle se rend ensuite dans son bureau où règne un léger désordre qu'elle entend gérer elle-même. Malheur au domestique débutant qui aurait l'idée d'y remédier. Elizabeth et sa dame de compagnie trient alors le courrier rassemblé dans un panier. Selon le désir de la reine, les réponses aux enfants et personnes âgées sont envoyées en priorité.

« Plus détachée qu'indifférente »

Cette femme sérieuse, ordonnée et routinière a voué sa vie à sa charge de souveraine qui l'emportera toujours sur toute autre considération, y compris maternelle ou sentimentale. Charles décrivit un jour sa mère comme « plus détachée qu'indifférente », une phrase ambiguë, entre indulgence et reproche.

Elizabeth II est aussi une intouchable. Lui prendre le bras, comme le fit un jour le président français Georges Pompidou pour la présenter aux invités d'un dîner à l'Élysée, ou la tenir par la taille, erreur commise par Michelle Obama, serait pour n'importe qui d'autre qu'eux une faute impardonnable. L'embrasser sur les joues relève également de l'inconcevable, tout comme lui tourner le dos. Après s'être entretenu avec elle, il convient donc de la quitter à reculons. Une scène amusante du film *The Queen*, de Stephen Frears[1], montre le côté absurde de ces marches en arrière. De son côté, la reine avance toujours deux pas devant les autres, priés de garder leur distance, la distance protocolaire, bien sûr, mais, de façon subliminale, la distance sentimentale aussi, et Philip eut du mal à s'y faire. Durant ses journées, courbettes et génuflexions s'alignent au passage de la souveraine, ce qui, bien sûr, n'incite ni à la promiscuité ni aux câlins. Charles déclara un jour ne pas se souvenir que sa

1. 2006.

mère l'ait embrassé au-delà de l'âge de huit ans. Un film atteste cependant d'un baiser sur la joue lorsque Elizabeth couronna son fils prince de Galles, alors qu'il avait vingt ans, dans l'enceinte du château de Caernarfon.

Philip, un père attentif et autoritaire

Philip, mâle dominant, sportif invétéré et brut de décoffrage, devient avec la naissance de Charles un père attentif, inquiet et autoritaire. Si Elizabeth semble parfois oublier son fils, son père, lui, ne le lâche pas un instant. Son petit garçon timide, sans autre amie que sa sœur Anne, cet enfant chétif – sinus bouchés, genoux cagneux, oreilles décollées –, se trouve, de l'avis de Philip, entouré de trop de femmes qui l'adorent, sa grand-mère, ses nourrices, sans parler de ceux qu'il appelle « les tapettes du palais », les homosexuels, nombreux parmi les serviteurs de Buckingham. Selon Philip, les unes et les autres ramollissent le caractère de Charles. Il fait des remontrances à son fils, l'humilie en public, et l'enfant, alors, éclate en sanglots. Elizabeth ne dit rien, sinon peut-être dans l'intimité, mais il est entendu que la reine s'occupe du royaume, et Philip, entre autres choses, de l'éducation des enfants, une tâche qu'il ne prend pas à la légère. Il veut, dit-il, faire de Charles un homme, et l'enfant se montre prêt pour pareille aventure. Il s'arme de courage et tente de ressembler à son père, modèle de masculinité. Mais pour cela, il lui faut surmonter bien des peurs et des angoisses.

Au cours de ses plus jeunes années, Charles s'enfonce dans la solitude et la contemplation. Timide, il ne s'aime pas beaucoup et n'apprécie pas non plus la compagnie d'autres enfants, moins contraints que lui, et souvent méchants à son égard. Son père, par contre, est très content de lui-même, avec quelques bonnes raisons : ce bel homme, grand, blond aux yeux bleus, spirituel et polyglotte, impressionne hommes et femmes. Son fils le craint mais en même temps l'admire. Et ce n'est pas sans fondement.

Dès l'enfance, Philip vit une vie à la fois douloureuse et extraordinaire qui explique en partie son caractère et la façon dont il va éduquer son fils Charles.

Une enfance en exil

Prince de Grèce et de Danemark, membre de la maison dano-allemande du Schleswig-Holstein-Sonderbourg-Glücksburg, Philip naît le 10 juin 1921 à Corfou, en Grèce, dans une jolie maison nommée (en français) « Mon Repos ». Baptisé dans l'église orthodoxe de la citadelle de l'île, il est le petit-fils du roi des Hellènes, George Ier, et cousin germain des rois George II et Paul Ier. Il est également un petit-neveu de la dernière tsarine Alexandra Fiodorovna Romanova et de la princesse Irène de Prusse, belle-sœur de l'empereur allemand Guillaume II. Avec un pareil pedigree, on pourrait imaginer une enfance merveilleuse et ouatée, mais un an après la naissance de Philip, son père, le prince André de Grèce, est arrêté, accusé de trahison et menacé d'être exécuté par un « comité révolutionnaire » qui a pris le pouvoir après la défaite de la Grèce – restée connue dans l'histoire comme « la Grande Catastrophe » – à l'issue d'un conflit, de 1919 à 1922, avec les nationalistes turcs conduits par Mustafa Kemal. Ces derniers n'acceptent pas la perte de territoires au profit de la Grèce en Anatolie et en Thrace orientale, scellée par le traité de Sèvres (1920), au lendemain de la Première

Guerre mondiale. La population chrétienne d'Asie Mineure est massacrée et la monarchie grecque s'effondre en 1922. L'oncle de Philip, le roi Constantin, abdique. Dès lors, le jeune enfant connaît les malheurs de l'exil. Sa famille est embarquée – le petit Philip blotti dans un cageot vidé de ses oranges – sur une frégate anglaise envoyée par le roi d'Angleterre George V. Elle s'installe d'abord en France, dans une maison à Saint-Cloud, près de Paris. En 1930, les parents de Philip se séparent. Déprimé, le prince André part vivre seul à Monaco, où il mourra en 1944. La mère de Philip, la princesse Alice de Battenberg, née à Windsor et arrière-petite-fille de la reine Victoria, sourde de naissance, désemparée et diagnostiquée schizophrène, est placée dans un sanatorium en Suisse en 1930. Elle réapparaîtra guérie, à Athènes, en nonne fondatrice de sa propre secte orthodoxe, l'ordre des Sœurs chrétiennes de Marthe et Marie. Pendant la guerre, elle cache et protège de nombreux réfugiés juifs et sera l'un des « Justes parmi les Nations » auxquels rend hommage le mémorial de l'Holocauste Yad Vashem.

Philip commence son éducation dans une petite école américaine de Paris. Il est pris en charge par ses quatre sœurs aînées, lesquelles, entre 1930 et 1931, vont toutes se marier avec des princes allemands, dont deux liés au régime nazi. Séparé de ses parents et privé de ses sœurs, Philip est hébergé à Kensington Palace, à Londres, par sa grand-mère maternelle, Victoria Mountbatten, marquise de Milford Haven, et par son oncle George Mountbatten, qui possède un manoir dans le Berkshire. À l'âge de neuf ans, ses tuteurs anglais l'envoient en pension dans la très chic petite école de Cheam, dans la banlieue de Londres. En 1933, Philip part en Allemagne, à Salem, dans le Bade-Wurtemberg, pour y intégrer la Schule Schloss Salem (« école du château de Salem »), l'un des collèges les plus prestigieux d'outre-Rhin. Il y restera deux semestres, alors que la montée du nazisme incite le fondateur de l'école, Kurt Hahn, qui est juif, à quitter son pays pour fonder une nouvelle école, la Gordonstoun School, en Écosse. Philip y étudie jusqu'en 1939, lorsqu'il est admis au Royal Naval College de Dartmouth. Il s'agit d'une année décisive. Elle marque son destin en lui ouvrant la porte d'une brillante carrière militaire, mais surtout parce que, cette année-là, lors d'une visite royale au collège de Dartmouth, il est présenté à la jeune princesse Elizabeth, une lointaine cousine, âgée de treize ans, qui sent son cœur battre un peu plus fort en voyant ce sémillant cadet de cinq ans son aîné. Tous deux entament une correspondance qui les conduira au mariage huit ans plus tard, le 20 novembre 1947.

Une carrière militaire brillante

Nommé aspirant en 1940, Philip entame une carrière militaire dans la Royal Navy qui l'amène à participer à la bataille de Crète et à celle du cap Spada. En 1942, à l'âge de vingt et un ans, il devient le plus jeune des *first lieutenants* de la Navy, équivalents des officiers en second en France. Il participe à la protection de l'invasion alliée de la Sicile en 1943. En 1945, on le retrouve dans la baie de Tokyo, alors que sont signés les actes de capitulation du Japon. Philip est promu capitaine de corvette en 1950, puis capitaine de frégate en 1952. Une fois Elizabeth devenue reine, en 1953, elle le nomme amiral de la flotte.

Philip va faire de nombreuses concessions pour épouser Elizabeth. Durant l'été 1946, quand il demande à George VI la main de sa fille aînée, le roi lui répond qu'il doit attendre qu'elle ait vingt et un ans, l'année suivante. Il exige aussi que Philip renonce à ses droits et titres dynastiques en Grèce et au Danemark, qu'il soit naturalisé britannique, qu'il renonce à la foi orthodoxe pour embrasser l'anglicane, et qu'il adopte le nom de ses grands-parents maternels, Mountbatten. Philip se plie à toutes ces exigences, et le 19 novembre 1947, la veille du mariage,

George VI lui octroie le prédicat d'altesse royale, puis le lendemain, jour des noces, les titres de duc d'Édimbourg, comte de Merioneth et baron Greenwich. Il entre alors dans ce qu'il va appeler « la Firme », c'est-à-dire la famille royale et toute la machinerie qui la fait fonctionner. Il poursuivra sa carrière militaire jusqu'au couronnement de sa femme, en 1952.

The Thursday Club

Philip n'arrivera jamais tout à fait à endosser le rôle de discret « prince consort ». Il a un côté macho, bon vivant, sportif, troisième mi-temps bien arrosée, mauvaises blagues et flirts avec de jolies femmes. On lui connaît plusieurs conquêtes avant son mariage, dont deux actrices américaines célèbres, et l'on sait aussi ses déjeuners du jeudi avec le Thursday Club[1] qu'il rejoint en 1946. Composé d'aristocrates, d'écrivains, de patrons de presse, d'acteurs, d'artistes et de quelques mafieux en costume sur mesure, ce club se retrouvait le jeudi dans une salle privée au premier étage d'un restaurant d'huîtres et de poissons nommé Wheeler's, sur Old Brompton Street, à Soho. Dans ces années-là, ce quartier était encore une sorte de Pigalle londonien, avec boîtes de strip-tease miteuses, sex-shops, hôtels de passe, bars louches et mauvais garçons. Au cours de chacun de ces déjeuners, un orateur était choisi et devait ôter son pantalon avant de faire son discours, invitant ses camarades à boire, ce qu'ils faisaient tous avec enthousiasme. Après ces agapes, il était courant d'aller jouer aux cartes et boire encore un peu chez David Mountbatten, cousin de Philip, sur Grosvenor Square, l'une des adresses les plus chics de Londres. En fin d'après-midi, quelques jolies femmes se joignaient à cette compagnie masculine, et selon l'ancien journaliste Rupert Taylor, « elles n'étaient pas là pour leur

1. En VF : « Club du jeudi ».

conversation[1] ». Miles Kington[2] demanda un jour à Louis Mountbatten qui étaient toutes ces jolies jeunes femmes venues égayer leurs fins d'après-midi.

« N'en dites aucun mal, répondit l'hôte, ce sont de grandes dames, la duchesse de Northumberland, The Percy, The lady Devonshire…

— Ce sont leurs titres ?

— Non, ce sont les noms des pubs où elles travaillent. »

Le doyen de la famille

Tout au long de sa longue carrière de prince consort – si longue qu'il est le conjoint resté marié le plus longtemps à un monarque britannique régnant, et aussi l'homme le plus âgé de la famille royale britannique –, Philip a travaillé sans relâche pour « la Firme ». Mais il garde toujours une piètre opinion de son fils. En 2017, lors d'un dîner entre amis à Mayfair, il affirma que son épouse, alors âgée de quatre-vingt-onze ans et selon lui toujours en parfaite santé, pourrait vivre encore une bonne dizaine d'années, et ainsi Charles, une fois sur le trône, « n'aurait plus beaucoup de temps pour détruire la monarchie[3] », lançait-il alors que ses vieux amis éclataient de rire.

Philip s'est retiré de la vie publique le 2 août 2017, à l'âge de quatre-vingt-seize ans, et installé dans un cottage du domaine de Sandringham après une vie très active. Depuis son mariage, en 1952, il a été le bienfaiteur, président ou membre de quelque 780 organisations, a créé et présidé The Duke of Edinburgh's Award, destiné aux jeunes de quatorze à vingt-quatre ans, a participé à 22 219 événements et engagements personnels.

1. « Prince Philip and the Thursday Club », owlcation.com, 24 juin 2019.
2. « Innocent Days at the Thursday Club », *The Independent*, 16 janvier 1996.
3. Tom Bower, *The Rebel Prince*, *op. cit.*

Sa réputation de travailleur est célèbre. Celle de blagueur, aussi, hélas. Ses plaisanteries, nombreuses, amusent souvent, mais peuvent parfois s'avérer embarrassantes. En voici quelques-unes.

Les blagues du duc

« Aimeriez-vous aller à Moscou ? demanda un journaliste à Philip un jour de 1967 alors qu'un débat s'annonçait sur les moyens de tenter d'apaiser la guerre froide.

— J'irais très volontiers, répondit Philip, même si ces salauds ont massacré la moitié de ma famille. »

En Australie, en 1954, on présente à Philip un couple, M. et le docteur Robinson. « Ma femme est docteur en philosophie, elle est beaucoup plus importante que je ne le suis, explique M. Robinson.

— Ah oui, répond Philip, on a le même problème dans notre famille. »

Lors d'une visite d'État en Chine, en 1986, Philippe rencontre quelques étudiants britanniques de l'université du Shaanxi, dans le nord-ouest du pays. « Ne restez pas trop longtemps, leur dit-il, sinon vous rentrerez avec les yeux bridés. »

Lors d'une réception du Commonwealth, en 1999, Philip s'approche d'un homme noir souriant.

« De quel coin exotique du monde venez-vous ?

— De Birmingham », lui répondit lord Taylor of Warwick.

En compagnie de la reine, Philip rencontre Stephen Menary, un jeune cadet de l'armée rendu aveugle par une bombe de l'IRA[1]. Elizabeth lui demande s'il peut voir encore un peu. « Pas beaucoup sans doute, si l'on en juge par sa cravate », balance le prince. Menary, généreux, déclara

1. Pour Irish Republican Army (Armée républicaine irlandaise), groupe paramilitaire hostile à la présence britannique en Irlande du Nord.

plus tard que le prince avait juste voulu « détendre l'atmosphère ».

À propos de sa fille, amoureuse des chevaux : « Si ça ne pète pas et si ça ne mange pas de foin, ça ne l'intéresse pas. »

Concernant son fils : « Le prince Charles est un romantique. Je suis un pragmatique. Cela signifie que nous faisons les choses différemment[1]. »

Le digne fils de son père

Philip adore le sport. Excellent cavalier, il chasse à courre, joue au polo jusqu'à l'âge de cinquante ans, et développe et promeut ensuite les courses d'attelage. Mais Charles, qui veut devenir le digne fils de son père, n'a pas hérité, contrairement à sa sœur, de l'amour débordant de sa mère pour les chevaux. Il va donc surmonter sa peur pour rassurer Philip, lui plaire, le rendre fier de lui. Il s'habitue à monter des poneys, puis des chevaux de chasse, participe à des concours de saut et devient un joueur de polo passionné. Il va aussi tirer la *grouse* comme il convient de le faire dans l'aristocratie anglaise, pêcher à la mouche, naviguer à voile, passion que partage son père, et il suivra les traces de ce dernier dans la Royal Navy. Jeune homme, Charles se montre un skieur habile et audacieux, et dévale, avec maîtrise et élégance, les pentes neigeuses des montagnes, suisses de préférence. En mars 1988, le prince échappe de peu à une avalanche alors qu'il skie hors piste dans la région de Klosters avec un groupe d'amis. L'un d'eux, le commandant Hugh Lindsay, est tué. Une autre, Palmer-Tomkinson, s'en sort avec des blessures aux jambes.

Mais ce n'est pas seulement en matière de sport que Charles prend son père pour modèle. Philip pratique aussi, avec un certain talent, l'art de la peinture à l'huile.

---

1. On peut retrouver ces blagues – et bien d'autres – dans le petit livre de Phil Dampier et Ashley Walton, *Duke of Hazard, the Wit and Wisdom of Prince Philip*, Brighton, Good Guide Publishing, 2006.

Il peint ainsi son épouse, prenant seule son petit-déjeuner à Buckingham en lisant un journal dans un salon décoré de tableaux anciens. On lui doit également un joli paysage, tout en ombres et lumières, du château de Duart, en Écosse, sous un ciel contrasté. On connaît également une peinture marine, un voilier participant à la régate de la *Cowes Week*, au large de l'île de Wight, montrant un paquebot à l'horizon. Ces œuvres, dont la plupart sont restées hors de la vue du public, révèlent un talent, une maîtrise technique et une élégante simplicité. Est-ce pour cela que Charles va cultiver toute sa vie le plaisir de l'aquarelle, qu'il pratique d'une main sûre, mais d'une manière un peu trop conformiste ?

Toujours est-il que Charles, bousculé par son père, mais aussi incité par lui à avancer sans peur sur le chemin de la vie, s'arme de courage et finit par prendre confiance en lui. Le goût du sport et celui de la peinture lui viendront à l'adolescence, de même que l'amour de la musique, du théâtre, et le plaisir de jouer dans une pièce. Il s'ouvre enfin sur lui-même et sur les autres, après une enfance marquée par la tristesse, l'introversion, et la méditation devant les beautés de la nature et les grands jardins des châteaux de la famille. C'était le temps où il exaspérait son père souvent brusque, parfois brutal, mais qui l'a tout de même façonné pour en faire un adulte digne de son rang, soucieux de son utilité et du sort de ses sujets, celui d'un héritier du royaume dont la vie est à la fois privilégiée et difficile pour être exposée sans limites étanches entre intimité privée et obligations publiques.

Longtemps, Charles reste admiratif de Philip, en dépit de la rudesse de ses manières et de son autoritarisme. Mais il devra d'abord affronter la difficile promiscuité avec d'autres enfants, écoliers comme lui, et souvent jaloux de sa singularité.

« J'ai eu une enfance misérable », dira-t-il des années plus tard.

Die Familie Windsor

Charles a vu le jour dans une famille bizarre, et malgré sa courtoisie précoce et ses airs de modestie, c'est sans doute contre elle qu'il s'est forgé une personnalité singulière marquée par l'empathie, la curiosité et le rejet du rationalisme. Bien sûr, il se montre aussi, comme beaucoup d'aristocrates anglais, souvent autoritaire et parfois dédaigneux. Conscient de son statut social extraordinaire, il reste à cheval sur le protocole et juge absolument normale la déférence à son égard de ceux qui l'entourent, alors qu'au fond rien, sinon le hasard de sa naissance et l'acceptation collective du système monarchique, ne la justifie.

L'invention d'un nom

Cette famille, les Windsor, n'existait pas avant 1917. Avec ce nom très anglais, elle a cherché à camoufler ses origines allemandes comme le prestidigitateur cache ses cartes dans la manche de sa veste. Bizarrement, le subterfuge de ce changement de patronyme a eu les effets escomptés. Rien de plus anglais que *Die Familie* Windsor, ont conclu les Britanniques.

Depuis le début du XVIIIe siècle, l'Angleterre a eu des Allemands pour souverains. Le premier d'entre eux, George Ier, ne parle pas un mot d'anglais, son fils George II pas davantage. Tous deux naissent dans la ville de Hanovre dont leur dynastie porte le nom, et ce n'est qu'en 1727, avec George III, dit « le Fermier », que les Anglais ont enfin un roi enfant d'Angleterre et natif de Londres, même si lui aussi est un Hanovre. Le dernier règne anglais de cette dynastie revient à Victoria, qui va rester longtemps sur le trône, de 1837 à 1901. En 1840, elle épouse son cousin, le prince Albert de Saxe-Cobourg-Gotha, dont le fils aîné, le roi Édouard VII, ouvre cette nouvelle lignée allemande en Angleterre. À sa mort, en 1910, lui succède George V, son fils, petit-fils d'Albert et de Victoria, également cousin germain de l'empereur Guillaume II d'Allemagne, qu'il appelle « mon cher cousin Willy ». Le nouveau roi avait épousé Marie de Teck, née à Londres et princesse de Wurtemberg.

Ni bretzels ni teckels

La Première Guerre mondiale dresse l'opinion publique anglaise contre l'Allemagne, dénonçant la barbarie des sujets du Kaiser et boycottant bretzels, chiens teckels et tout ce qui peut sembler trop teuton. Avoir un passé allemand devient un souci en Angleterre. Le prince Louis de Battenberg, cousin de George V et amiral de la Royal Navy, en est la première victime. Né à Graz, alors dans l'Empire austro-hongrois, il a pris pour épouse sa cousine, Victoria de Hesse-Darmstadt, il porte un nom allemand, garde des propriétés dans son pays natal, et parle anglais avec un accent guttural. La foule demande sa démission malgré ses services rendus à la Couronne.

Le nom du mont

Très inquiet de la germanophobie galopante de ses sujets, le roi demande à Battenberg d'adopter la nationalité anglaise et de changer de nom. Humilié, mais désireux que ses enfants continuent à vivre paisiblement leur avenir de jeunes aristocrates anglais – le roi, en guise de consolation, a donné à Louis le titre de marquis de Milford Haven –, il obtempère et le voilà bientôt nommé Mountbatten, *mount* et *Berg* signifiant tous deux la même chose : « mont » ou « montagne ». Le roi George V anglicise également sa belle-famille et décide en Conseil du roi, en 1917, d'adopter le patronyme de Windsor, nom de l'un de ses châteaux. Émerge alors une nouvelle dynastie qui tente d'effacer ses traces ; lesquelles, malgré tant d'efforts, restent visibles quelque temps encore.

Le salut nazi d'Édouard

Ainsi le fils aîné de George V devient roi – pendant 326 jours, en 1936 – sous le nom d'Édouard VIII, puis abdique pour pouvoir épouser Wallis Simpson, une Américaine deux fois divorcée. L'affaire fait grand bruit, et tout se complique encore quand Édouard, devenu exilé en France et duc de Windsor, part avec son épouse en Allemagne en 1937 et rencontre Adolf Hitler dans son *Berghof* de Bavière. Le Führer se montre très aimable et Édouard, affirme sa biographe Frances Donaldson[1], lui fait le salut nazi. Ce playboy ouvertement raciste, s'il était resté sur son trône, n'aurait sans doute pas écarté une alliance entre Londres et l'Allemagne nazie, qu'il considérait comme le rempart de l'Europe contre le communisme. Il n'était pas le seul Anglais à penser de la sorte et à considérer Hitler comme un partenaire fréquentable. Neville Chamberlain,

1. *Édward VIII*, Londres, Lippincott Williams & Wilkins, 1975.

le Premier Ministre conservateur de l'époque, avait conçu une politique dite « d'apaisement » à l'égard de l'Allemagne qui ne déplaisait ni au roi George VI, frère cadet du duc de Windsor, ni à son épouse, Elizabeth Bowes-Lyon, qui deviendra la « reine mère » après la mort de son mari et le couronnement de sa fille, Elizabeth II.

Le Blitz

Lors de la Seconde Guerre mondiale, la famille royale se conduit de façon admirable, alors que Londres – dont le palais de Buckingham lui-même, le 8 septembre 1940 – est bombardé par l'aviation nazie. « Maintenant, je peux regarder les habitants de l'East End dans les yeux », déclare la reine Elizabeth après que le palais a été pris pour cible. L'East End, ce sont les quartiers pauvres de l'est de Londres, particulièrement touchés par les bombes allemandes et que visite régulièrement le couple royal. L'Angleterre se réconcilie alors avec ses souverains qui ont partagé avec elle les malheurs du Blitz. Pendant ce temps, Elizabeth et sa sœur Margaret restent à Windsor où tout est prêt – bagages, bijoux, archives, toiles de maîtres détachées de leurs cadres – pour une éventuelle évacuation vers le nord du pays, voire le Canada.

En 1944, la princesse Elizabeth a dix-huit ans. Elle apparaît dans la presse en blouse d'infirmière alors qu'elle apprend à conduire une ambulance dans le camp militaire d'Aldershot. Une fois son permis de conduire en poche, elle rejoint l'armée de réserve, vêtue d'un bel uniforme, comme conductrice de camion. Le 8 mai 1945, la guerre prend fin et George VI, la reine et leurs deux filles sont acclamés au balcon du palais de Buckingham par une foule enthousiaste.

Philip et ses sœurs

Tout va bien, donc. Le peuple aime à nouveau ses monarques, qui ont réussi à faire oublier leurs origines teutonnes. Mais il reste à cet égard un dernier souci à régler : Elizabeth est amoureuse de Philip, dont les ancêtres d'outre-Rhin forment une longue lignée et dont les sœurs aînées se sont choisi des maris allemands.

C'est la plus jeune des quatre, Sofia, qui se marie la première, à l'âge de seize ans, le 15 décembre 1930, avec le prince Christophe de Hesse, qui deviendra bientôt directeur du ministère des Forces aériennes du IIIe Reich et *Oberfürher* des SS.

En 1931, l'aînée, la princesse Margarita, épouse Gottfried, prince de Hohenlohe-Langenburg. La même année, Teodora se marie avec Bertold, margrave de Baden. Toujours en 1931, Cecilie prend pour époux Georg Donatus von Hessen-Darmstadt. Le 1er mai 1937, tous deux adhèrent au parti nazi.

Les trois sœurs survivantes de Philip (Cecilie est morte dans un accident d'avion) ne reçoivent pas d'invitation au mariage de leur frère avec la jeune princesse anglaise, qui a lieu à Westminster en novembre 1947. Elles écoutent le service religieux à la radio, réunies dans le château de Marienburg, proche de Hanovre.

Plus tard, enfin, quand la jeune Elizabeth est couronnée reine, le petit Charles devient prince de Galles et hérite de la devise allemande du Prince Noir, Édouard de Woodstock, premier prince de Galles, en 1343 : *« Ich Dien »* (« Je sers »).

Le petit prince

En novembre 1956, le petit Charles a huit ans et entre dans une école primaire, privée et prisée par la bonne société londonienne, la Hill House Preparatory School, à Knightsbridge, où le conduit chaque matin sa gouvernante écossaise, Catherine Peebles, surnommée « Mispy ». Qu'un prince, héritier de la couronne, soit éduqué dans une école avec d'autres enfants constitue une grande première. Tous ses prédécesseurs, et bien d'autres petits aristocrates avec eux, recevaient jusqu'alors les leçons de leurs précepteurs dans leur château ou leur palais, sans se mêler aux gamins de vils roturiers. Mais les Windsor, désireux de continuer à surfer sur la vague – désormais ramollie – de sympathie née à l'époque du Blitz, veulent montrer que la royauté vit toujours au milieu de ses sujets – ce qui ne se révèle plus tout à fait vrai – et que Charles sera traité durant son éducation comme les autres enfants – ce qui relève d'une illusion, pour la simple raison qu'il n'est pas un enfant comme les autres.

Pour l'heure, tout se passe gentiment dans cette petite école très chic, et si le prince fait parfois preuve de timidité, il aime tout de même jouer avec des écoliers trop jeunes encore pour comprendre qu'ils ont pour camarade un garçon pouvant devenir leur roi.

Pensionnaire à neuf ans

Lequel est un peu maigrichon, avec de grandes oreilles et un regard inquiet. Il a neuf ans en ce mois de juillet 1958. Coiffé d'une casquette grise, il porte de hautes chaussettes de laine, un short de flanelle grise, une chemise bleu pâle et une cravate bleu roi, l'uniforme de sa nouvelle école, la Cheam School, le plus ancien pensionnat privé d'Angleterre, fondé en 1645 dans le charmant village de Cheam, au cœur du Surrey. Le voilà pensionnaire, et traumatisé.

Aujourd'hui distante banlieue du sud-ouest de Londres, Cheam reste élégante, avec ses nombreuses grandes maisons entourées de vastes jardins. Le village compte quelques vieux bâtiments à colombages, une vénérable église, Lumley Chapel, et un pub nommé The Prince of Wales, « Le Prince de Galles ».

L'école doit son prestige à son ancienneté, mais aussi à la qualité de son enseignement et à la renommée de quelques anciens élèves, parmi lesquels le duc d'Édimbourg, Philip, père de Charles. Elle prépare les garçons pour leur entrée à Eton, Harrow ou Winchester, les collèges les plus huppés du royaume. Peu après le séjour de Charles, l'école a déménagé et s'est installée dans une très belle bâtisse de briques à Headley, un peu plus à l'ouest dans le Surrey, mais elle a gardé son nom de Cheam School.

Charles fait montre d'une politesse exquise, et d'une réserve notable. Le directeur de l'école à l'époque, Peter Beck, comprend vite que le garçon n'est pas très à l'aise avec ses condisciples, lesquels gardent eux aussi une certaine distance vis-à-vis de lui. Il suggère à la reine Elizabeth d'intégrer son fils à l'équipe de football. Sur le terrain, personne ne lui fera de cadeaux, il sera enfin l'égal des autres. Les gamins ne vont pas se priver de bousculer le futur roi, qui s'étale de tout son long au moindre croche-pied. Il garde néanmoins de très bons souvenirs de cette école.

Dans quel pétrin m'a-t-on mis ?

Sauf celui de ce jour fatidique du 26 juillet 1958. Après avoir reçu un appel téléphonique de Buckingham, Beck invite dans l'après-midi tous les élèves de l'école dans son salon. Ils s'assoient en tailleur sur la moquette face à la petite télévision qui diffuse les images en noir et blanc d'une nouveauté sportive : les premiers jeux du Commonwealth, retransmis en direct de Cardiff, capitale du pays de Galles. La reine ne se sent pas très bien et n'assiste pas aux jeux, mais adresse au public un message radiodiffusé par la BBC :

« Ces jeux de l'Empire britannique et du Commonwealth rendent cette année mémorable pour le principat de Galles. J'ai dès lors décidé, pour le souligner plus encore, d'accomplir un acte qui, je l'espère, donnera aux Gallois autant de plaisir que celui que j'éprouve. Je veux faire aujourd'hui mon fils Charles prince de Galles. Quand il sera plus grand, je vous le présenterai à Caernarfon. »

Un ange passe dans le salon de Beck, puis les garçons, avec les encouragements de leur maître, félicitent Charles en lui serrant la main. Le petit prince ne sait plus où se mettre.

Charles raconte cette histoire cinquante ans plus tard, en juillet 2008, lors d'un dîner de gala au château de Caerphilly où il célèbre le demi-siècle de son statut de prince de Galles. « Je me souviens avec horreur et embarras du jour où je fus convoqué avec les autres garçons de l'école dans le salon du directeur pour regarder la télévision. À ma plus grande gêne, j'ai entendu la voix de Maman annonçant qu'elle me faisait prince de Galles. Tous m'ont regardé et je me suis demandé dans quel pétrin on m'avait encore mis. »

Douche écossaise

Quand Charles atteint l'âge de treize ans, la question se pose de savoir dans quelle école, après Cheam, il va poursuivre ses études. Il semble évident pour tous les Anglais que le jeune prince ira à Eton, l'institution préférée de l'aristocratie et de la grande bourgeoisie du royaume et de son ancien empire, excellente école dont les élèves portent toujours aujourd'hui un uniforme conçu au XIXe siècle : une chemise blanche au col fermé par un nœud blanc sous un gilet et une redingote noirs. Ce collège, le préféré de la reine mère, présente un avantage : il suffit de franchir la Tamise, ici large comme une rivière, par le Eton Bridge, pour se rendre à Windsor où se trouve le château familial.

Mais il est décidé que Charles, futur roi d'Angleterre, fréquentera une école à la fois réputée et moins socialement exclusive qu'Eton, Gordonstoun, en Écosse, afin qu'il se frotte aux vraies gens – lesquels, à part les boursiers, ont tout de même des parents capables de payer des droits de scolarité plus élevés encore que ceux d'Eton. Ce paradoxe échappe peut-être au duc d'Édimbourg car cette école eut aussi le jeune Philip de Grèce comme élève. Il y fut très heureux et estime qu'elle ferait un bien fou à son fils, si timide et réservé. Là encore, Philip remplit sa mission de faire de Charles « un homme », et ce dernier est prié de suivre les traces de son père, même sans doute d'aller plus loin que lui dans ce parcours. Le pensionnat prépare ses élèves à entrer à l'université et Philip, ainsi que la reine, qui n'ont jamais connu le bonheur de la vie d'étudiant, en ont un jour exprimé le regret.

Le jeune adolescent va dormir dans un vaste dortoir aux vasistas ouverts hiver comme été, qu'il neige ou qu'il vente, et se réveillera avec une douche glacée avant un bol de porridge au petit-déjeuner. Mais il y apprendra aussi comment se forment les grands hommes, ainsi que le certifie Platon dans *La République*[1], référence fondamentale de l'enseignement de Kurt Hahn, premier directeur de l'établissement. Selon Platon, la tempérance, le courage et la sagesse constituent les trois grandes vertus qui correspondent à son idéal d'une cité de philosophes devenant rois, ou de rois devenant philosophes.

L'école de Gordonstoun est l'enfant d'une autre, la Schule Schloss Salem, créée en 1919 dans la ville de Salem, en Allemagne, sur la rive nord du lac de Constance, par le prince Maximilien de Bade, seigneur du lieu, et Kurt Hahn, intellectuel et diplomate allemand, longtemps secrétaire du prince. Lequel, profondément marqué par l'effondrement de son pays au lendemain de la Première Guerre mondiale, demande à Hahn, qu'il nomme directeur de l'école, de « développer l'imagination des garçons à l'esprit décisif et la volonté de ceux à l'esprit rêveur. Ainsi, dans l'avenir, les hommes sages auront le désir de diriger, et les hommes d'action sauront imaginer les conséquences de leurs décisions ».

1. Livre VII.

Le carré rond

Il s'agit effectivement d'un bon programme, mais Adolf Hitler en a un autre et, en 1933, Kurt Hahn, juif, fuit l'Allemagne nazie pour rejoindre l'Angleterre, puis l'Écosse où, en 1934, il fonde donc l'école de Gordonstoun sur les mêmes principes que ceux de Salem. Il l'abrite dans une magnifique bâtisse dont les origines remontent au XIIIe siècle, toujours hantée – comme toute vieille demeure en Écosse – par le fantôme de l'excentrique baron Robert Gordon, le propriétaire des lieux au XVIIe siècle. Surnommé « the Wizard » (« le Sorcier » ou « le Magicien »), il s'intéresse à l'alchimie et mérite sa réputation de mystique auprès de la population locale. Celle-ci entretient la légende du jeune baron qui aurait vendu son âme au diable en échange du Savoir. Vers la fin de sa vie, Robert Gordon fit construire The Round Square – principale curiosité architecturale de Gordonstoun – que l'on peut traduire par « la place ronde », mais en perdant le charmant oxymore que suggère ce « carré rond ». Le baron en savait alors assez pour ne plus vouloir respecter son maléfique contrat. Cette place ronde, entourée d'immeubles accolés les uns aux autres formant un cercle intérieur parfait, n'offrirait aucune cachette au diable le jour où il viendrait réclamer son dû.

Un sex-shop de Soho

Et justement, l'enfer, Charles en a une petite idée à Gordonstoun. Il se plaindra souvent, dans ses lettres à ses parents et à sa grand-mère, de l'état misérable dans lequel il se trouve dans cette école qu'il surnomme « Colditz in kilts » – Colditz étant une sinistre forteresse édifiée en Saxe au XIe siècle qui servit de prison à de nombreux officiers britanniques, français, néerlandais et polonais pendant la Deuxième Guerre mondiale. « Je ne peux pas dormir la nuit dans ce dortoir parce que je ronfle et on me tape sur la tête, c'est l'enfer absolu », écrit Charles dans l'une de ses lettres.

Le romancier William Boyd, lui aussi pensionnaire à Gordonstoun, dans les années 1970, en fait un récit fort plaisant avec « School Ties[1] », une nouvelle dans laquelle on cherchera en vain les traces de la république platonicienne.

« Les deux principaux vices étaient l'alcool et le tabac », écrit Boyd, deux interdits souvent bravés par les élèves adolescents par ailleurs « obsédés par le sexe ». L'auteur évoque des murs couverts de photographies de pin-up dignes d'un sex-shop de Soho, et les masturbations nocturnes des plus jeunes, souvent prépubères. « La réussite d'une éjaculation était célébrée dans tout le dortoir, et des gouttes de sperme passaient de doigt en doigt, de lit en lit, en guise de preuve. » Le bilan, pour Boyd, n'est guère brillant. « Après avoir quitté l'école, nous étions des snobs irréfléchis, nous distinguions de façon nette *nous* et *les autres*, les loubards, les débiles, les gauchistes et les déviants qui n'avaient pas été dans les écoles privées[2]. Nous étions racistes, avec certitude, franchise et bonne humeur (...). Les femmes n'étaient pour nous que des objets sexuels, et nous étions naïfs en politique. »

Charles n'a pas d'amis. Pis, tous ses condisciples semblent se proclamer ses ennemis jurés. Une barrière invisible s'érige entre eux et lui, non seulement parce qu'il est prince, mais aussi timide, donc distant, ce qui peut sembler à beaucoup l'expression du mépris. Les écoliers sont souvent cruels et tous, à Gordonstoun, se moquent des grandes oreilles du prince. Si un pensionnaire cherche à lui parler, on accuse aussitôt celui-ci d'être un lèche-bottes et chacun fait un bruit de succion quand il croise le malheureux coupable. Charles trouve trois échappatoires à la solitude et à son sentiment d'oppression : la classe de peinture et de poterie,

1. Londres, Penguin, 1985.
2. Que les Anglais appellent *public schools*.

avec un aimable professeur, Robert Waddell, qui fera du prince un honnête aquarelliste ; la musique, aussi, avec la trompette et une professeure à l'accent allemand qui le houspille à chaque fausse note – « *Ach ! Zoze trumpets, zoze trumpets!* » – si bien qu'il passe au violoncelle, dont il va jouer honorablement ; et le théâtre, enfin, quand un jeune professeur de lettres, Eric Anderson, organise une troupe à Gordonstoun et offre à Charles la liberté de vivre, le temps d'une pièce, dans la peau d'un autre. En 1964, le prince joue devant ses camarades le rôle d'Exeter dans *Henry V* de William Shakespeare, puis quelque temps plus tard le premier rôle dans *Hamlet*. Ses parents viennent assister à l'une des représentations, ce qui ravit le jeune Charles. Il se découvre alors un talent d'acteur et une passion durable pour Shakespeare, dont il prônera toute sa vie l'étude dans les écoles anglaises. « Marginaliser Shakespeare me semble le symptôme de l'abandon général de notre héritage culturel », déclare-t-il en 1991.

Une envie d'Australie

Le temps d'un séjour d'un semestre en Australie, le garçon aux joues roses et au regard inquiet se transforme en un jeune homme plus assuré et ouvert aux autres. Cette métamorphose est peut-être liée aux bouleversements de l'adolescence, mais il semble évident que Charles n'a jamais été aussi heureux dans sa vie de collégien que durant ces six mois passés dans la campagne de l'État de Victoria, en Australie. Ce séjour lui permet de prendre confiance en lui. Le pays – l'un des plus importants du Commonwealth – restera longtemps dans le cœur du prince de Galles, et au moment où il aura envie d'un « vrai métier », il se portera candidat, sans succès comme on le verra, au poste de gouverneur général de ce territoire austral.

Des badauds sous l'averse

Quand, le 30 juillet 1966, à l'âge de dix-sept ans, Charles arrive à l'aéroport de Sydney, ce n'est pas pour une visite officielle, mais pour poursuivre ses études secondaires *down under*[1].

1. *Down under*, « en bas, dessous », désigne familièrement, en Grande-Bretagne, l'Australie et la Nouvelle-Zélande, plus ou moins aux antipodes de l'Angleterre.

La reine et le prince Philip ont insisté auprès du gouvernement australien sur le caractère privé et non officiel de ce séjour d'étude. Néanmoins, le jeune garçon reçoit un accueil digne d'un chef d'État au pied de l'avion où l'attendent le gouverneur général et le Premier Ministre australien, sir Robert Menzies, qui s'envolent avec lui à Canberra, la capitale, pour fêter dignement la venue du fils d'Elizabeth II, la souveraine du pays. Il pleut à l'arrivée et le long de la route reliant l'aéroport à la ville, ainsi qu'autour du siège du gouvernement fédéral. Pourtant, de fervents monarchistes et des badauds curieux, trempés sous l'averse, saluent Charles avec enthousiasme. À l'abri dans une voiture, le prince s'étonne, se dit touché par cette réception inattendue, et répond à la foule avec des signes de la main et un gentil sourire. « Toujours un peu gêné en public et réservé en privé, le prince de Galles est sur le point de découvrir que sa présence importe à des gens inconnus et que ceux-ci pourraient même bien l'aimer[1] », écrit Jonathan Dimbleby.

Une liberté nouvelle

Pour Charles, cette découverte constitue un premier pas dans la construction de lui-même, au sortir d'une enfance marquée par la solitude et le peu d'affection que lui prodiguent ses parents. Il commence également à comprendre que son statut, dont il mesure maintenant la dimension et les conséquences, peut constituer un atout. Ces personnes qui l'attendent sous la pluie pour le voir et le saluer le perçoivent comme un futur roi. Après avoir souffert de n'être pas comme les autres enfants, à dix-sept ans il devine que cette sympathie spontanée, cette célébrité incongrue – qu'il juge alors sans doute encore imméritée – peut lui offrir une liberté nouvelle. L'enfant introverti, mal à l'aise et fondamentalement malheureux, découvre soudain, l'adolescence

1. Jonathan Dimbleby, *The Prince of Wales, a Biography*, Londres, Lippincott Williams & Wilkins, 1994.

venue, que les autres, ces inconnus aimables, pourraient bien occuper à l'avenir ses journées. Bref, l'Australie offre à Charles le grand moment de sa transition de l'enfance à l'âge adulte.

Un nouveau campus platonicien

Le jeune homme n'a pas choisi d'aller en Australie, mais il est ravi de zapper Gordonstoun pendant six mois, même s'il s'inquiète à l'idée que son père ne dégotte encore un nouveau campus platonicien aux antipodes. Comme toujours, la décision a été prise par Philip, qui a fini par reconnaître, avec regret, que Charles était malheureux comme une pierre dans sa pension écossaise. L'idée d'un séjour du jeune prince en Australie fait l'objet d'un débat à l'automne 1965, à l'occasion d'une visite à Balmoral du Premier Ministre de ce pays austral, sir Robert Menzies, qui, contrairement à certains de ses concitoyens, se déclare résolument monarchiste. sir Robert recommande The Geelong Grammar School, fondée en 1857 par un missionnaire anglican dans l'État de Victoria dont la capitale est Melbourne. Il considérerait la présence du prince à Geelong comme un hommage de la Couronne à l'Australie. À Buckingham, on pense que le séjour de Charles pourrait sans doute renforcer les liens de cette lointaine nation avec l'Angleterre, liens fragilisés par la montée en puissance d'une minorité républicaine qui a trouvé un porte-voix dans les journaux du magnat de la presse locale, Rupert Murdoch.

Le directeur de la Geelong School, Thomas Garnett, est donc invité à Londres pour discuter avec les parents de Charles de ce que cette école australienne pourrait apporter au prince. À la suite de cet échange, Garnett comprend que le jeune homme a besoin, dans cette période charnière de l'adolescence, d'une expérience qui lui permette d'accroître sa confiance en lui, en ses talents, de comprendre qu'il peut prendre des décisions avec résolution et autonomie, hors de sa zone de confort habituelle. Et pour cela, dit-il au couple royal, rien de mieux que Timbertop, une dépendance de l'école en pleine brousse australienne, au pied des montagnes du Great Dividing Range, entre Mansfield et le mont Buller. Tous les élèves de la Geelong School y passent deux semestres au cours de leur neuvième année d'études, quand ils ont treize ou quatorze ans. Charles ferait partie d'un groupe d'élèves plus âgés chargés d'encadrer les jeunes. « Être à Timbertop, affirme encore aujourd'hui le site web de l'école, est une expérience éducative unique qui apprend aux élèves à renforcer leur confiance en eux, leur capacité d'adaptation et leur indépendance[1] », des compétences qui leur seront utiles toute leur vie.

Autre découverte : on peut être heureux à l'école. Charles, arrivé à Timbertop le 3 février 1966, ne se plaint plus, sinon d'ampoules aux pieds en raison des nombreuses courses à travers la campagne ou des escalades dans la montagne. La chaleur de l'été austral le ramollit aussi, alors qu'il doit « s'auto-discipliner » et travailler seul le français et l'histoire pour ses *A levels*[2]. La presse enfin laisse le prince tranquille après qu'il a consenti à une séance de photos à son arrivée. La famille royale avait insisté auprès du gouvernement australien sur le caractère privé du séjour de Charles, exempt de toute activité officielle. Le jeune garçon, précise l'accord conservé par les archives australiennes, « devait être libéré de toute attention publique, comme n'importe quel autre écolier ».

Comme Charles l'avait craint, il existe bien une petite touche *gordontounesque* à Timbertop. L'un des plus influents directeurs de la Geelong School, James Ralph Darling, qui a officié pendant plus de trois décennies à la tête de l'établissement, de 1930 à 1961, avait visité Gordonstoun, et tous

1. Lire le site web de l'école : ggs.vic.edu.au.
2. *Advance levels*, « niveaux avancés » du système éducatif anglais nécessaires à l'entrée à l'université.

ces jeunes garçons courant dans l'air froid de la campagne écossaise, ce régime rigoureux pour des ados vigoureux, ces principes platoniciens l'avaient impressionné. Depuis Darling, on retrouve ces mêmes principes à Geelong, qui se déploient dans de jolis « grands » mots, l'ouverture, la sagesse, « la science d'apprendre et l'art d'enseigner », un monde meilleur, faire la différence, laquelle doit être positive. Bref, le gospel de l'éducation New Age en pleine brousse.

Mais de tout cela, cette fois-ci, Charles ne fait pas un fromage.

Le prince, dans le camp, supervise environ quarante-cinq jeunes élèves, et il s'en sort assez bien. Tous doivent subvenir à leurs besoins, couper du bois, faire la cuisine, nettoyer les lieux, effectuer de longues randonnées dans les montagnes. Avec un garçon de son âge nommé Stuart McGregor, Charles occupe un appartement de deux chambres. Il échappe donc au dortoir à la mode écossaise qu'il redoutait, et partage avec Stuart une cuisine, une salle de bains, un espace de travail. Les deux garçons s'entendent bien, Charles est ravi. Il ne souffre plus du « mal du pays » et veut au contraire prolonger son séjour d'un trimestre, ce qui lui permettra de visiter pour la première fois la Papouasie-Nouvelle-Guinée, pays membre du Commonwealth. Cette perspective enchante Charles, jeune homme curieux.

L'Église originelle

Quand le navire de l'école approche le ponton du village de Wadua, en Papouasie-Nouvelle-Guinée, Charles se voit ovationné par une foule où se mêlent Papous et Australiens, élèves en uniforme et villageois en tenue traditionnelle, pagnes de feuilles et coiffures en plumes. Charles les salue et avance parmi eux, sourire aux lèvres. Sans doute conscient de l'absence de photographes, il semble à l'aise, une absolue nouveauté.

Le prince se montre ému par la cathédrale de Dogura, proche du village de Wadua, édifiée par des missionnaires anglicans avec l'aide des Papous. Ce n'est pas tant la bâtisse, mais la ferveur des autochtones durant l'office qui l'impressionne. « On pourrait presque penser qu'il s'agit de l'Église originelle. Quand le christianisme est nouveau, il doit être plus facile d'y entrer le cœur ouvert, et c'est merveilleux de se trouver dans un lieu où ce sentiment vous touche », écrit Charles, cité par Dimbleby, qui eut accès aux courriers du prince. Celui qui, le jour où il sera roi, deviendra le « gardien » de la foi anglicane, s'avère déjà sensible à la foi des autres, et on verra qu'il s'agira d'une question institutionnelle compliquée.

Le jeune homme s'intéresse aussi au folklore et aux traditions papoues, aux arts et aux chants locaux. Il lance des javelots, danse avec les villageois, semble heureux avec eux, et eux avec lui.

Deuxième partie

LA JEUNESSE ET L'APPRENTISSAGE

L'intronisation

Le 1er juillet 1969, nous retrouvons le prince, accompagné de ses parents et de sa sœur Anne, dans une calèche découverte qui traverse la ville galloise de Caernarfon. Charles a revêtu l'uniforme militaire de la garde galloise et salue d'un gentil sourire une foule enthousiaste. Sans doute s'inquiète-t-il, mais il ne le montre pas. Le pays de Galles compte son petit lot de révolutionnaires nationalistes et l'un d'eux a déclaré que le prince était leur « cible ». Nous sommes à la fin des Sixties, ces années soixante du siècle dernier qui furent si rock'n'roll et *freedom fighters*, et la région subit de temps en temps les discours de militants séparatistes transmis par une radio clandestine dont la police cherche en vain les émetteurs.

Un groupuscule paramilitaire

Parfois, quelques bombes éclatent de-ci de-là, sans causer de grands dommages, jusqu'en 1968, quand l'une d'elles explose en blessant grièvement un officier de l'armée de l'air, un crime non revendiqué par la Free Wales Army, l'Armée de libération du pays de Galles, principale suspecte. Ce groupuscule paramilitaire surgit en 1963 avec l'ambition d'instaurer une république indépendante galloise. En juillet 1968, une bombe endommage le Temple de la paix édifié à Cardiff en 1938 et financé par lord Davies, un baron gallois philanthrope et libéral, soutien actif du mouvement en faveur de la Société des Nations. Puis un autre explosif – heureusement désactivé – est découvert dans le bureau des objets perdus de la gare de la même ville.

La nuit précédant l'arrivée du Royal Train – le train royal, une telle chose existe –, deux activistes trouvent la mort dans l'explosion de la bombe qu'ils destinaient à la destruction de la voie ferrée menant à Caernarfon afin d'empêcher le prince d'être couronné. Voilà pourquoi il convient d'admirer, ce jour-là, le calme de Charles, de ses parents et de sa sœur Anne dans leur calèche, d'autant plus que, le jour même, se terminait au tribunal de Swansea le long procès de neuf membres de cette « armée de libération galloise » accusés d'atteinte à l'ordre public. Ce procès dura cinquante-trois jours. Son ouverture fut marquée par l'hymne national du pays de Galles, *Hen Wlad fy Nhadau* (« La vieille terre de mes ancêtres »), entonné par un public manifestant sa solidarité envers les activistes, et sa fin, ce 1er juillet 1969, par sept condamnations à des peines de prison assez clémentes pour des lanceurs de bombes – les deux plus sévères s'établissant à quinze mois d'incarcération.

Juvénile et mince comme un clou

Les services de sécurité sont nombreux, nerveux et vigilants, même si la famille royale garde le sourire et si la foule joyeuse manifeste sa bienveillance. « Il est surprenant qu'aucun missile ne soit tombé sur le carrosse », note, le lendemain, le prince dans son journal.

La cérémonie du couronnement de Charles – l'*investiture*, selon le terme exact – a été mise en scène par l'artiste de la famille, Antony Armstrong-Jones, comte de Snowdon, photographe talentueux et mari de la sœur cadette de la reine, la princesse Margaret (qui disait souvent être née trop tard, c'est-à-dire après Elizabeth, et qu'il lui fallait lire le journal pour avoir des nouvelles de sa famille). Le gouvernement de Sa Majesté, celui du pays de Galles, l'armée et Buckingham ont mené des négociations pour que l'événement respecte les traditions, mais sans excès, et qu'il révèle la modernité du temps, mais sans excentricité. Bref, Tony Snowdon réussit un travail d'équilibriste. Il a érigé autour des austères murailles grises du château médiéval – édifié en 1283 – de hautes bannières verticales aux couleurs vives de tous les comtés gallois, et en leur centre un podium d'ardoise sous un dais dont la forme rappelle la tente d'Henri VIII au camp du Drap d'or. Tout cela fait penser à une pièce de Shakespeare jouée sur la scène d'un théâtre contemporain.

Entre deux tribunes – où se tiennent quatre mille invités –, la cour du château offre un long passage qu'emprunte d'un pas lent et solennel Charles, juvénile, mince comme un clou, entouré de dignitaires parés de capes où dominent l'orange, le rouge et l'or. Il entre dans une crypte tandis qu'arrivent la reine, le prince Philip, Anne et la reine mère.

« Votre homme lige d'âme et de corps »

La souveraine, vêtue d'un manteau jaune pâle et coiffée d'un chapeau rond de la même couleur, et Philip, dans un uniforme couvert de médailles et de galons dorés, vont s'asseoir sous le dais au centre de la cour, face à un banc bas garni d'un coussin sur lequel Charles, sans la casquette de son uniforme, ses cheveux séparés par une raie formidablement rectiligne, vient s'agenouiller après être sorti de la crypte. La reine donne alors à son fils l'épée, la bague, le sceptre et la couronne, puis pose sur ses épaules une cape rouge au col d'hermine. Elizabeth enveloppe de ses mains celles de son fils tandis qu'il lui jure allégeance. « Moi, Charles, prince de Galles, je me proclame votre homme lige d'âme et de corps et je m'engage, sur ma foi et mon honneur, à vous servir jusqu'à la mort. » Elle se penche alors vers lui pour poser un baiser sur la joue. Charles la regarde, manifestement ému, et lui adresse un timide sourire. Puis ce très jeune homme dans ces très vieux atours – cet attirail médiéval de la couronne, de la cape et de l'épée – avance, entouré de ses parents, vers le balcon dit de la reine Eleanor, ouvert dans le flanc de l'une des neuf tours de la forteresse. Elizabeth et Philip s'écartent doucement vers l'arrière, laissant Charles seul, en première ligne, saluer ses sujets avec retenue et sans doute un indicible plaisir.

L'apprenti gallois

Cette investiture et sa chorégraphie solennelle n'ont été marquées d'aucun incident. Ce jour-là, le jeune homme a posé la première pierre de sa nouvelle vie.

Il l'a préparée sérieusement, de façon méticuleuse, avec la volonté affirmée de devenir un vrai prince de Galles, plus constant et présent que ses prédécesseurs auprès de ses sujets. Il se situe au vingt et unième rang d'une liste qui s'ouvre en 1301 avec Édouard de Caernarfon, fils du roi d'Angleterre Édouard Ier, qui avait vaincu les Écossais et conquis le pays de Galles. Tous les princes suivants ont eux aussi été les héritiers présumés du trône anglais, puis, à partir de 1707, du Royaume-Uni – certains dès l'enfance, d'autres moururent avant de pouvoir régner, quelques-uns ont comploté contre leur père pour aller plus vite. L'un d'eux, le futur Édouard VII, fils de Victoria, se montra un tel chaud lapin qu'il fut surnommé par l'écrivain Henry James « Edward the Caresser ».

Charles, prince de Galles depuis le 26 juillet 1958, ce samedi fatidique dans la Cheam School, quand il avait neuf ans, surpasse aujourd'hui tous ses prédécesseurs par son âge et la durée de son principat. Il se trouve le premier dans l'ordre de la succession au trône depuis le 6 février 1952, jour du couronnement de sa mère. Il se distingue aussi de ses prédécesseurs par son implication et sa constance à l'égard du pays de Galles et de ses habitants.

Quant aux caresses, nous n'en savons pas grand-chose sinon qu'il va bientôt connaître lui aussi de nombreuses jeunes filles en fleurs, toutes avenantes et aristocrates, avant d'épouser Diana.

« *Charlie go home!* »

Charles est le premier des Windsor à entreprendre des études universitaires. Il entre – un peu trop facilement, sans doute – au Trinity College de Cambridge pour y suivre des cours d'histoire, d'archéologie et d'anthropologie, cette dernière discipline probablement fort utile pour comprendre ses inconstants sujets puisqu'elle porte sur l'étude du vaste champ de la nature et des activités humaines. Il interrompt ce séjour à Cambridge pour étudier le gallois pendant un semestre à l'université du pays de Galles, dans la ville d'Aberystwyth. Quelques jours avant le début de ses cours, il visite la chambre qui lui a été réservée et voit sous ses fenêtres un garçon brandissant une pancarte écrite en gallois. C'est une langue difficile, l'auteur de ces lignes peut en témoigner avec cet exemple de panneau planté à la sortie d'un parking public : « *Ydych chi wedi talu ac arddangos ?* » (« Avez-vous payé et exposé de façon visible votre ticket de stationnement ? »)

Le prince aborde le jeune homme, lui expliquant être là pour apprendre la langue des Gallois qu'il ne connaît pas encore, et lui demande de lui traduire en anglais le message écrit sur sa pancarte. « Ça veut dire "Rentre chez toi, Charlie" », lui répond le garçon.

Les œufs et les tomates

Peu de temps avant son départ à Aberystwyth – qui doit lui permettre d'apprendre les rudiments du gallois, mais qui relève aussi d'une opération de diplomatie royale envers une province rétive –, Charles accorde une interview radiophonique à la BBC au cours de laquelle on l'interroge sur un éventuel accueil hostile des nationalistes gallois. « Tant que je ne serai pas trop couvert d'œufs et de tomates, tout ira bien, répond le prince. Il est normal que les gens manifestent. Ils ne m'ont jamais vu, ils ne savent pas encore qui je suis, je ne me suis pas souvent rendu au pays de Galles et vous ne pouvez pas vraiment attendre des Gallois qu'ils soient supercontents de voir un soi-disant prince anglais venir chez eux… »

De fait, Charles s'attend à des manifestations hostiles alors qu'il tente de faire une entrée discrète en ville, au volant d'une Austin Mini, le premier jour de ses études locales. À la vue d'une petite foule devant la porte d'entrée de l'université, il s'arme de courage, mais découvre des adolescentes l'applaudissant avec l'enthousiasme de groupies devant une rock star, et des femmes plus âgées lui souhaitant la bienvenue et lui offrant leur bénédiction.

Mister Windsor

Malgré cet accueil aimable, les huit semaines que va passer Charles au Pantycelyn Hall de l'université, un bâtiment abritant 250 étudiants, seront, de son propre aveu, solitaires. Les sursauts nationalistes de l'époque, le temps relativement court de son séjour, la timidité et le statut d'altesse royale du prince n'ont sans doute pas facilité les liens amicaux.

Son professeur de gallois à l'université d'Aberystwyth, Edward Millward, un militant nationaliste, déclare que dans son cours Charles ne sera appelé que d'un simple « Mister

Windsor », et que le temps alloué pour son apprentissage de la langue devrait lui permettre de bien prononcer les mots et de lire un court discours en gallois. Ce que fait le prince, dans une ambiance assez chahutée, à la fin de son séjour, devant six mille personnes rassemblées dans un amphithéâtre à l'occasion du Festival annuel de la jeunesse du pays de Galles. Alors que Charles s'approche du micro, un groupe d'étudiants déclenche un chahut que le prince observe, sans autre réaction que son immobilité et son silence. La salle est divisée en deux camps, les femmes galloises qui semblent apprécier Charles, et les garçons braillards que les premières finissent par repousser à grands coups de sacs à main. La police intervient pour calmer les perturbateurs. Une fois ceux-ci éloignés et moins audibles, Charles prend la parole pour dire, dans un gallois manifestement compréhensible, son plaisir d'en savoir beaucoup plus à présent sur le pays de Galles, sa langue, son histoire et sa culture. La foule se lève pour l'applaudir.

« *Leur pays est une nation* »

Dans une autre interview radiophonique, Charles précisera ses propos concernant ce séjour à Aberystwyth : « J'ai appris au cours de ces huit semaines combien est fort chez les Gallois le sentiment que leur pays est une nation. Cela leur importe et ils s'inquiètent de ce qui adviendrait s'ils ne défendaient ni leur langue ni leur culture, et si c'est ainsi, je trouve tout à fait juste de les préserver. »

Présentée comme une évidence, cette opinion alla droit au cœur des Gallois et amollit peut-être la réticence des nationalistes à l'égard de ce jeune prince anglais. Charles révèle pour la première fois ses talents d'activiste du *soft power* britannique, talents qu'il mettra toujours à profit, sauf, pendant un temps, dans sa vie amoureuse.

Dès le lendemain de son investiture, alors que sa famille retourne à Londres, Charles reste au pays de Galles pour une tournée d'une semaine à travers sa principauté. Reçu avec enthousiasme dans tous les villages longeant sa route, il rentre ravi au château de Windsor, se promettant d'être fidèle à sa devise : « servir » le pays de Galles.

L'apprenti guerrier

Au sein de la famille royale, devenir soldat, au moins pour un certain temps, relève d'une obligation. Et quitte à le devenir, rien de mieux que la marine, la Royal Navy, pour les jeunes aristocrates anglais. C'est cette arme que ces derniers choisissent depuis fort longtemps. Et le prince de Galles semble pour tout le monde destiné à voguer sur les flots. Les deux figures les plus tutélaires de la jeunesse de Charles, son père et son grand-oncle, le prince Philip et Louis Mountbatten, sont tous les deux marins. Leurs seules études supérieures, au Britannia Royal Naval College, furent destinées à l'apprentissage de leurs futures fonctions. Il s'agit d'un établissement très prestigieux et connu sous le nom de Dartmouth, ville portuaire qui abrite l'école depuis la fin du XIXe siècle. Louis et Philip ont suivi l'exemple des rois George V et George VI, tous deux anciens cadets de Dartmouth. Et c'est dans cette même ville que la princesse Elizabeth, alors âgée de treize ans, sentit son cœur battre un peu plus fort ce jour de 1939 où on lui présenta le bel et grand Philip, dix-huit ans, prince de Grèce et cadet de la marine.

Bref, Charles se voit régulièrement incité à rejoindre au plus tôt la Royal Navy, suivant ainsi l'exemple de son père, de son grand-père et de son arrière-grand-père – sans oublier son grand-oncle Louis Mountbatten. Selon ce dernier, une telle fidélité envers la marine serait appréciée par ses sujets.

L'amour des arts

Mais Charles l'intello fait de la résistance. D'abord, il choisit d'étudier à Cambridge, une grande première dans sa lignée. Il aurait pu passer directement de ses études secondaires à l'école navale, et tout le monde chez les Windsor aurait été content, mais il a préféré se frotter aux sciences sociales, à l'anthropologie, à la philosophie, aux beaux-arts – que Philip, malgré sa propre pratique de la peinture à l'huile, juge une passion trop « féminine » pour un garçon. C'est à Cambridge, en marge de ses études, que le jeune prince développe sa pratique du violoncelle, sa maîtrise de l'aquarelle, et son plaisir de jouer la comédie quand il rejoint le Cambridge Footlights, un club de théâtre amateur de l'université. Mais une fois diplômé, en 1970 – le premier héritier du royaume à obtenir un tel honneur –, le pauvre jeune homme sait qu'il lui faut abandonner ces plaisirs éthérés et affronter la dure obligation d'un futur roi : se familiariser avec l'art de la guerre.

Dès sa deuxième année à Cambridge, le prince décide qu'avant d'entrer dans la marine, il passera quatre mois à l'école de l'aviation militaire, le collège de Cranwell, dans le Lincolnshire, afin d'apprendre à piloter un avion à réaction.

Le parachutiste P of W

En mars 1971, Charles commence donc à voler sur un bimoteur Basset et deux semaines plus tard il prend les commandes d'un Jet Provost. Le 31 mars, il vole en solo, une expérience qui l'excite beaucoup. Il saute aussi en parachute pour la première fois, s'emmêle les pieds dans les fils, mais s'en libère sans paniquer et atterrit sain et sauf. En 1977, après avoir été nommé colonel du régiment parachutiste, il reprend un entraînement. On peut le voir sur une photo, coiffé d'un casque arborant l'inscription « P of W » (pour « *Prince of Wales* », « Prince de Galles ») et portant le sac de son parachute avant d'embarquer dans l'avion.

Le pénitencier nautique

Charles ne reste que cinq mois dans l'aviation et se retrouve à Dartmouth. Mais l'institution a oublié de s'adapter au fait que ses élèves ne sont plus tous, comme jadis, des adolescents tout juste sortis de leurs études secondaires. Certains, des jeunes gens plus âgés et déjà diplômés d'universités, considèrent déplaisant ce retour à l'école. Charles en vient à traiter Dartmouth de « pénitencier nautique ». Cependant, comme Cambridge, particulièrement indulgente à l'égard du prince, l'école navale l'autorise à suivre un cours intensif et accéléré de six semaines au lieu de douze. Le jeune sous-lieutenant rejoint son navire, le contre-torpilleur HMS *Norfolk*, à Gibraltar, en novembre 1971[1]. Il va passer sept mois entre la Méditerranée et Plymouth, avec quelques interruptions, notamment pour suivre un cours dans un bassin profond simulant l'évasion d'un sous-marin touché pas une torpille, ou pour découvrir un nouveau système de missiles à bord de la frégate *Hermione*, au sud de l'île de Wight. Il reste aussi quelque temps dans le sous-marin nucléaire *Churchill* où il se sent confiné. Lors de son passage sur le *Norfolk*, il se montre peu doué pour les manœuvres, mais habile à naviguer par la seule observation des étoiles.

Le fédérateur des Caraïbes

Charles semble manquer d'assurance et paraît fatigué des cours intensifs auxquels il est soumis quand il embarque, en janvier 1973, à bord de la frégate HMS *Minerva*, qui traverse

1. HMS pour « *Her Majesty's Ship* », « le navire de Sa Majesté ».

alors l'océan Atlantique par gros temps. Arrivé aux Caraïbes, il navigue plus paisiblement pendant sept mois, passant d'une petite île du Commonwealth à l'autre. À chaque escale, le protocole du navire se trouve bouleversé car les autorités et les populations locales sont si joyeuses de fêter la venue du fils de la reine sur leur terre qu'elles en oublient souvent de saluer aussi le commandant du navire. Mais chacun, à bord, comprend la situation et ne s'en offusque pas, d'autant que Charles, par sa réserve, son travail, sa courtoisie et son sens de l'autodérision, a conquis la sympathie de l'équipage. Le prince, par ailleurs, ne peut s'empêcher de se lancer dans la politique-fiction et estime que ces îles visitées n'ont aucun avenir si elles n'acceptent pas de « s'unir dans une association d'États ».

Du Pacifique au Canada

En 1973, promu lieutenant intérimaire, il rejoint le HMS *Jupiter* à Singapour et navigue sans hâte d'une île à l'autre jusqu'à la Nouvelle-Zélande, pour rejoindre ensuite Honolulu, puis San Francisco, Acapulco, le canal de Panama, et enfin les Bermudes. De retour en Angleterre, il suit une formation de pilote d'hélicoptère et obtient son brevet en 1974. En 1975, il rejoint l'escadron 845 de l'aviation navale et vogue sur le HMS *Hermes* dans les eaux canadiennes. À cette occasion, il se rend au Nouveau-Brunswick, en Nouvelle-Écosse et au Québec. En 1975, il termine son cours de lieutenant à Dartmouth et reçoit enfin son premier commandement, celui d'un navire anti-mines, le HMS *Bronington*, le 9 février 1976. Il navigue alors pendant neuf mois le long des côtes anglaises et écossaises, en mer d'Irlande, dans la Manche, en mer du Nord. Au départ très nerveux, le jeune capitaine de navire, avec le temps, prend de l'assurance, ce qui l'exalte. La mer se montre souvent difficile, il lui arrive d'être malade, mais finalement il se révèle un bon marin.

L'homme d'action

Charles quitte la Navy alors qu'il approche déjà de la trentaine. Il a fait son devoir, il a prouvé son courage, sa constance, son envie d'apprendre. Il a aussi donné à ses sujets une nouvelle image de lui, celle d'un homme d'action, sautant en parachute, pilotant un jet ou un hélicoptère, affrontant les flots déchaînés. Enfin, il a agité le drapeau britannique sur les terres de nombreuses nations du Commonwealth, renforçant ainsi les liens entre ces pays et la couronne du Royaume-Uni.

L'art de l'attente

Après ses études et ses entraînements militaires, la question se pose, en 1977, de savoir quoi faire du prince. Les archives de ses prédécesseurs n'offrent aucune réponse à cette question, sans doute parce qu'elle ne s'était jamais posée dans le passé. La seule activité officielle d'un prince de Galles a toujours consisté à attendre son tour d'être roi. Rien d'autre n'est prévu, ce qui désole Charles qui aimerait se rendre utile et ne pas trop s'ennuyer. Il a vingt-neuf ans, sa mère cinquante-deux ans. L'attente peut durer longtemps.

« Je ne sais pas quel devrait être mon rôle dans la vie. Pour l'instant, je n'en ai pas. D'une façon ou d'une autre, il faudra bien que j'en trouve un », déclare-t-il au cours d'un discours à Cambridge, à la fin de ses études.

Un vrai métier ?

L'idée de Buckingham, ébauchée dès le séjour de Charles à Timbertop, selon laquelle il ferait un bon gouverneur général de l'Australie, resurgit alors et ne déplaît pas à l'intéressé. Mais le moment est mal choisi.

Deux ans plus tôt, en 1975, le Premier Ministre australien Edward Gough Whitlam, un travailliste extraordinaire, éloquent et réformateur infatigable – il supprime le service militaire, établit un service de santé universel et la gratuité des études universitaires – refuse, de céder à l'opposition, majoritaire au Sénat, qui lui reproche d'affaiblir l'économie. La crise semble sans issue et le gouverneur général de l'Australie – représentant de la reine –, sir John Kerr, démet Whitlam de ses fonctions pour nommer le conservateur Malcom Fraser Premier Ministre. L'affaire fait grand bruit, et si le limogeage de Whitlam est légal, il choque la gauche australienne et ravive les partisans d'une république qui élirait son propre président sans interférence de Londres. Dans de telles circonstances, Charles, héritier du trône, ne peut remplacer Kerr. Son arrivée serait perçue par les républicains comme une provocation et mettrait la monarchie en danger dans cette ancienne et lointaine colonie britannique.

Une ambassade ?

Alors que sombre le projet d'envoyer Charles en résidence à Canberra, le gouvernement de Sa Majesté lui cherche un autre « vrai métier ». Lord Carrington suggère le poste d'ambassadeur de Grande-Bretagne en France, mais Margaret Thatcher occupe le 10 Downing Street depuis le 4 mai 1979 et bataille avec la Communauté économique européenne[1] en affirmant que son pays lui verse plus d'argent qu'il n'en reçoit. *« I want my money back! »* (« Rendez-moi mon argent ! »), dit-elle. Jacques Chirac, le président français, déclare à portée de micro : « Qu'est-ce qu'elle veut, cette ménagère, mes couilles sur un plateau ? » Le débat est dès lors jugé beaucoup trop agité pour un prince héritier censé flotter au-dessus de ces basses querelles politiques.

Charles n'ira donc pas à Paris et ne restera qu'un visiteur apprécié en Australie, y passant régulièrement pour prendre des nouvelles de ses lointains amis de l'autre côté du monde.

1. Le Royaume-Uni a rejoint la CEE en 1973.

New Age et harmonie

En 1975, le prince – que la curiosité d'esprit porte à s'intéresser aux religions des autres et à rechercher dans la nature un ordre harmonieux ignoré par le rationalisme matérialiste – veut structurer sa pensée hors des sentiers battus par la modernité. Alors qu'il n'a pas encore trente ans, il tend à penser que son intuition, son instinct, ses sentiments devraient le guider vers une meilleure connaissance de lui-même, de ce qu'il pense et de ce qu'il croit. Il avance à pas prudents dans une exploration de son ego et de son environnement qui n'est pas sans danger. En se présentant comme écologiste il risque d'être traité de « baba cool », voire de réactionnaire passéiste ennemi du progrès. Quant à considérer publiquement les religions des autres au même niveau d'intérêt que la sienne, cela reviendrait à franchir une ligne rouge pour un futur roi destiné à défendre *la* foi, à savoir l'anglicane.

Cette quête de plusieurs années va aboutir à une pensée cohérente dont on peut débattre, mais qui s'exprime clairement dans un livre, *Harmony*, publié en 2010. Il est écrit par Charles en étroite collaboration avec le journaliste de la BBC Ian Kelly, et Tony Juniper, un militant écologiste qui a rejoint la branche anglaise de l'ONG Les

Amis de la Terre en 1990, auteur de nombreux ouvrages sur l'environnement.

La grammaire et la géographie

Selon Charles, nous avons perdu, avec la modernité, ou plus précisément le *modernisme*, tout contact avec ce qui fut une connaissance intime depuis la nuit des temps, celle de l'harmonie de la nature. Et, précise-t-il, nous en faisons partie. Nous n'en sommes pas les maîtres, comme nous pourrions le croire. Notre détachement à l'égard de celle-ci risque de déstabiliser notre planète, engageant notre survie sur Terre. Cette harmonie présente à la fois, écrit Charles, « une grammaire et une géométrie ». Une fois connectés à ces deux éléments, nous en savons l'équilibre et la beauté. L'architecture idéale du corps, selon le célèbre dessin de Léonard de Vinci, *L'Homme de Vitruve*, où l'on retrouve la quadrature du cercle, ou celle des temples, des cathédrales ou des mosquées, qui respectent les mêmes équilibres harmonieux dans toute leur magnifique complexité, évoquent souvent les dessins célestes des premiers astronomes décrivant « la danse » des planètes autour du soleil. Les anciens, sensibles et ouverts à ces merveilles, y voyaient la main de Dieu, lequel, selon les modernes convertis à l'empirisme, n'existerait pas faute de preuve tangible du contraire, estime Charles. Entre mille autres choses, le prince évoque les échelles chromatiques, une série de chiffres que l'on retrouve aussi bien dans un tourbillon d'eau ou une colonne de vent que dans les harmonies musicales. « Que ce soit la forme d'une plante, l'arrangement des pétales d'une fleur, ou les harmonies d'une musique, quand elles sont construites selon ces relations numériques, nous appelons cela *la beauté*. »

Le prosélyte de l'harmonie

Ce livre, dès lors, nous enjoint de renouer avec la nature dont nous sommes partie prenante. Cet ouvrage constitue à la fois le récit d'une réflexion personnelle et un appel à l'action. Prosélyte de l'harmonie en tous domaines, le prince Charles n'est pas devenu sans raison un fermier bio, un amateur de médecines « douces », un critique féroce de l'architecture moderne et un philanthrope extraordinaire. Sa pensée imprègne l'ensemble de ses activités. Il juge que nous sommes entrés avec l'empirisme et l'amour du modernisme dans un cercle vicieux qui nous détache du sentiment de respect que nous devrions éprouver à l'égard de cette mystérieuse harmonie de la nature. Et il veut le contrer par une multitude de cercles vertueux entraînant les jeunes générations, mais aussi les politiques et les industriels, vers un monde qui nous rapproche de ces merveilles. Enfin, il se défend d'espérer un retour en arrière vers un passé sublimé. Il pense à l'avenir, qu'il estime menacé, et qu'il faudrait mieux contrôler.

Adam heureux au paradis

Cette pensée, essentielle pour comprendre qui est réellement le prince de Galles, ce qui le motive et l'émeut, se forge dès les années 1970. Il commence alors à s'intéresser à la « parapsychologie » sous l'influence de l'évêque de Southwark, Mervyn Stockwood, qu'il avait connu à Gordonstoun et qui affirmait que nos pouvoirs psychiques confèrent à nos esprits « des capacités immenses et insoupçonnées ». Ainsi considérait-il que les miracles de Jésus démontraient « l'unité du Sauveur avec la nature ». Sensible au mysticisme des anciens et à l'élargissement d'un « en-soi » entravé par les règles et les conventions, Charles, lors de cette recherche de lui-même, découvre qu'il n'aime pas l'esprit des Lumières et moins encore Jean-Jacques Rousseau qui juge incompatibles l'homme et la nature : cette dernière, œuvre de Dieu, est parfaite, dit Rousseau, mais l'homme s'en mêle et la rend diabolique[1]. Le prince s'oppose à cet avis. Il considère Adam heureux au paradis terrestre et ne voit pas pourquoi il faudrait séparer l'homme de la nature à laquelle il appartient. Un auteur anglais du XVIIe siècle, Thomas Hobbes, semblait pourtant avoir dit une triste et définitive vérité sur cette question dans son *Léviathan* où l'état de nature s'apparente à « la guerre de tous contre tous » et où « l'homme est un loup pour l'homme ». Hobbes décrit cet état de nature comme « un monde sans art, sans lettres, sans société » et rappelle « la peur continuelle et la vie de l'homme solitaire, misérable, méchante et courte ».

La pensée holiste

Hobbes voit donc le salut dans le contrat social. Charles considère celui-ci comme la dislocation du tout. Il rejoint en cela la pensée d'un homme qu'il n'a pas connu mais qui a pu l'influencer, le général sud-africain Ian Smuts, Premier Ministre, militaire et botaniste, qui définit l'holisme comme « la tendance dans la nature à constituer des ensembles qui sont supérieurs à la somme de leurs parties, au travers de l'évolution créatrice[2] ».

Disons d'emblée que cette négation des parties pour expliquer un ensemble, vers quoi va tendre la pensée holiste au cours du XXe siècle, nous conduit assez vite, on le voit notamment avec le sociologue Émile Durkheim, à négliger l'individu pour lui préférer la société ou la collectivité. Elle se révèle dès lors fondamentalement hostile à toute idée libérale. Donc aux Lumières. Elle n'était pas non plus dénuée

---

1. Jean-Jacques Rousseau, *Discours sur les origines et les fondements de l'inégalité parmi les hommes*, Garnier-Flammarion, 1971.
2. Jan Christiaan Smuts, *Holism and Evolution*, Londres, Macmillan, 2014 (1re édition 1927).

de préjugés racistes, avec Smuts qui en tirait la conclusion que les Noirs, sans les Blancs, se développeraient très bien dans des bantoustans.

Le gourou et ses déserts

Charles se présente encore, vers ses vingt-cinq ans, comme à la fois curieux et influençable. À cette époque, il tombe sous le charme d'un écrivain et explorateur, un autre Sud-Africain, Laurens van der Post, qui connaît bien la reine mère. Il a publié un livre, *The Lost World of the Kalahari*[1], développé ensuite en série documentaire pour la BBC qui a impressionné le prince. Le désert du Kalahari est une zone sablonneuse immense – 900 000 kilomètres carrés – couvrant une large partie du Botswana et s'étendant vers la Namibie et l'Afrique du Sud. L'homme du Kalahari vit « en symbiose, que l'on pourrait dire quasi mystique avec la nature, il connaît la vie animale et végétale, les rochers et les pierres d'Afrique comme elles n'ont plus jamais été connues depuis ».

La superstition du cœur

Selon la thèse de Van der Post, l'homme a perdu la magie du monde en remplaçant « la superstition du cœur par celle de l'intelligence » que nous utilisons à des fins pour

1. Londres, Vintage Classics, 2002.

lesquelles elle n'est pas adaptée. Il existe d'autres voies que « nos savoirs transitoires » pour comprendre la vie. Charles absorbe tout ce méli-mélo avec beaucoup d'intérêt, et accepte avec plaisir l'invitation lancée par Van der Post de partir avec lui au cœur du grand désert africain afin de partager en sa compagnie le sens de ce monde qui évoque les origines du temps, « et que le prince retrouve la nature même de son propre esprit, son respect de la vie, son amour de la nature, et s'approche au plus près du schéma originel de la vie ». L'explorateur explique à Charles que les parcs nationaux établis par l'empire britannique sont « les temples et les cathédrales au sein desquels l'esprit égaré de l'homme moderne se connecte à nouveau avec la création. Les arbres, les animaux et les insectes sont les prêtres et les professeurs de ce monde ». Jonathan Dimbleby, qui cite ce passage, ajoute qu'en le lisant, « l'intuition du prince fut de répondre “Amen” ».

Le Foreign Office n'est pas sur la même longueur d'ondes. La Rhodésie, amputée de sa partie nord devenue la Zambie en 1964, entame durant les années 1970 le difficile chemin vers le pouvoir de la majorité noire, et obtiendra son indépendance et son nouveau nom, Zimbabwe, en avril 1980. Pas question pour les diplomates britanniques que le prince de Galles s'approche d'un peu trop près de cette zone de conflit et donne aux peuples africains l'impression de prendre des vacances chez eux alors qu'ils luttent pour leurs droits.

La psychologie des profondeurs

Une alternative se fait jour avec les montagnes d'Aberdare, un parc national du Kenya, au nord-est de la route entre Nakuru et Nairobi. Les deux hommes y passent cinq jours à marcher et à discuter – la journée des beautés de la nature, le soir du « monde intérieur » qu'un futur roi comme le prince doit approcher au même titre et avec le même intérêt que le monde « extérieur ». Van der Post se dit l'ami et le disciple du psychiatre suisse Carl Jung, pionnier de la « psychologie des profondeurs » et inventeur du concept d'« inconscient collectif », une sorte de réservoir d'idées et d'images de temps et de cultures anciennes dont l'humanité serait l'héritière universelle[1]. L'explorateur explique au prince l'intérêt de Jung pour les sciences occultes et ce qu'il appelait « l'âme ». Charles commence alors à noter ses rêves au réveil pour en parler à Van der Post qui estime, comme son maître Jung, qu'ils révèlent un « savoir archaïque ».

Cette idée New Age que la vérité de soi-même réside dans la vie de l'âme, qu'il existe en nous une conscience cachée de la vérité du monde, voire une conscience détachée de ce même monde, conduit Charles à considérer les religions, la sienne et celles des autres, comme des institutions humaines aux sources d'une sagesse commune. Hélas, pense-t-il, elles aussi sont victimes de la modernité pour avoir enfermé l'expérience religieuse dans le cadre étroit d'un récit et d'une doctrine désormais considérés comme indépassables.

---

1. C. G. Jung, *The Archetypes and the Collective Unconscious*, 2nd Edition, *Collected Works of C. G. Jung*, Londres, Routledge, 1991.

L'anglican œcuménique

Futur patron de l'Église anglicane, Charles, vers la même époque, explore les religions orientales et retrouve dans la réincarnation l'idée de « l'inconscient collectif » de Jung. Un jour de 1979, une jeune admiratrice indienne lui offre un livre intitulé *The Path of the Masters*, publié en 1939 par un chirurgien américain, Julian P. Johnson, qui décida de suivre pendant six ans son gourou, Sawan Singh, à Beas, dans le Pendjab, au nord de l'Inde[1]. Désormais dans le domaine public, son livre présente l'auteur comme un homme « en quête de la Vérité ». Dans son ouvrage, il décrit notamment l'histoire et la pratique du Surat Shabd Yoga, qui permet d'entrer en pleine conscience dans un état appelé en anglais *near death experience*, expérience d'une mort imminente. Elle permettrait à ses adeptes de voir des lumières et d'entendre des sons différents de ceux d'un état de veille et d'atteindre ainsi les plus hauts niveaux de conscience. Charles n'a pas été jusqu'à de telles pratiques extrêmes, mais il a apprécié la description de la religion comme

1. On peut lire en ligne ce livre : https://archive.org/details/ThePathOfTheMasters/page/n1.

une sensation individuelle, sans dogme ni doctrine, et compatible avec toutes les croyances.

Prince Charles of Arabia

Contrairement à sa mère, Elizabeth II, pratiquante dévote de l'Église anglicane, Charles apparaît comme plus œcuménique. Impressionné par le bouddhisme et l'hindouisme, il explore également l'orthodoxie et visite le mont Athos, en Grèce. Il a aussi étudié le judaïsme et le Coran et déclara un jour que « l'avenir redécouvrira la vérité universelle qui est au cœur de ces religions ».

Son attitude – ou plus précisément sa sympathie – à l'égard de l'islam a suscité inquiétude, controverses, et même fait naître l'hypothèse qu'il se serait converti secrètement à cette religion, probable *fake news* qu'explorent en septembre 1997 deux auteurs, Ronni Gordon et David Stillman, dans un article intitulé « Prince Charles of Arabia » dans le *Middle East Quarterly*, revue du Middle East Forum, une organisation américaine pro-israélienne[1]. Le 27 octobre 1993, Charles prononce un discours remarqué au Centre des études islamiques d'Oxford, quand il déclare que « l'islam peut nous apprendre aujourd'hui comment comprendre et vivre dans un monde que la chrétienté a perdu et qui s'en trouve appauvri ». Il souligne aussi que l'extrémisme « n'est pas le monopole de l'islam », qu'il a affecté toutes les religions du monde, y compris le christianisme. Et il ajoute que l'Occident devrait reconnaître l'islam comme partie de sa propre culture. « L'islam médiéval était une religion remarquablement tolérante pour son époque, offrant aux juifs et aux chrétiens le droit de pratiquer les rites des croyances dont ils avaient hérité, un exemple qui, malheureusement, n'a pas été suivi par l'Occident pendant de nombreux siècles. La surprise, *ladies*

1. Voir https://www.meforum.org/356/prince-charles-of-arabia.

and gentlemen, est l'étendue de la présence de l'islam en Europe, d'abord en Espagne, puis dans les Balkans, et à quel point il a contribué à la construction d'une civilisation que la plupart d'entre nous jugent, à tort, totalement occidentale. »

De pareils discours, iconoclastes aux yeux de nombreux anglicans et de conservateurs, nourrissent la méfiance à l'égard d'un futur roi qui ne semble pas exclusivement attaché à la foi anglicane, donc à l'histoire même de la monarchie anglaise.

Il était une fois le défenseur des fois

Henri VIII reçoit le titre de « Défenseur de la foi » des mains du pape Léon X en l'an 1521 pour être un bon catholique romain en ces temps agités par la Réforme protestante. Mais Henri rompt avec Rome en 1580 afin de devenir chef de l'Église anglicane. Il se retrouve excommunié, mais lui et tous ses successeurs resteront néanmoins les « Défenseurs de la foi », laquelle est désormais anglicane. Dans une interview avec Dimbleby, Charles déclare qu'il préférerait être un jour Defender of Faith plutôt que Defender of the Faith, soulignant ainsi qu'il considère toutes les religions comme aussi honorables que l'anglicane, et que le Royaume-Uni ne compte pas, parmi ses sujets, que des chrétiens. Dans son livre *Charles at Seventy*[1], Robert Jobson affirme que, depuis, le prince a changé d'avis. Charles a déclaré à l'auteur être « à cent pour cent sûr qu'il sera défenseur de la foi, tout en soulignant l'importance de rester en contact avec les autres religions ».

Jobson, qui affectionne le sujet de sa biographie, voit dans cette affaire la démonstration d'une qualité rare chez le prince : il relève les côtés positifs dans les religions des autres, ce qui ne signifie pas, dit-il, que le prince s'y convertisse.

1. Londres, John Blake Publishing, 2018.

La chanteuse iranienne Shusha Guppy, qui vécut à Londres des années 1960 jusqu'à son décès en 2008, ne voyait chez Charles et son large réseau d'organisations charitables qu'une « vaste industrie de la bonté ». Dans une interview publiée par le magazine *Intelligent Life* à l'automne 2008, Guppy évoque à propos du prince le concept de *Farr-e-Izadi*, qu'elle définit comme « une grâce divine octroyée aux rois afin qu'ils puissent lutter contre les forces du diable ».

La chanteuse estimait que Charles avait été touché par cette grâce.

Troisième partie

AMOURS ET AVANIES

Les jeunes filles en fleurs

Comme l'Orient, l'amour est compliqué. Charles devient un flirteur invétéré, et plus si affinités, durant ce moment flottant entre la fin de ses études et le début de sa carrière militaire. À cette époque, il est jeune et beau, mince, les joues fraîches, glamour et souriant. On le retrouve souvent en tenue de polo, intrépide cavalier, avant et après les matchs, tel Proust à Balbec, « dans l'ombre des jeunes filles en fleurs » qui l'entourent et qu'il ne sait encore comment séduire, entravé par l'embarras de sa timidité.

Charles reste introverti et prudent. Il a zappé les tumultueuses années 1960 et notamment l'une de ses nombreuses révolutions, la sexuelle. Sans doute n'est-il jamais allé au cinéma qui pourtant porte son nom, The Prince Charles Cinema, situé Leicester Place, salle qui programma le plus longtemps en Angleterre le film *Emmanuelle*, émoustillant et très dénudé.

Puceau, sage, poli, et la plupart du temps cravaté, il sait que la question des femmes constitue un sujet compliqué pour un héritier du trône. La cour de Buckingham est très collet monté. L'épouse de Charles devra être jolie, aristocrate, vierge, tolérante et anglicane. Ensuite, pas question de divorcer[1]. Le prince se demande quelle femme répondra à de tels critères, comment elle pourra supporter les règles de la cour, ses responsabilités publiques, et s'accommoder d'un mari encore peu dégourdi qui s'affirme « vieux jeu et fier de l'être ».

Les lumières de Lucia

Ce n'est que lors de sa troisième et dernière année à Cambridge qu'il tombe enfin amoureux, mais d'un amour probablement platonique (encore Platon !), d'une jeune femme sud-américaine travaillant à l'université comme assistante de recherches de lord Richard Austen Butler, alias « Rab », ancien politicien conservateur devenu « Maître » du Trinity College en 1965. Cette jeune femme, Lucia Santa Cruz, fille de Victor Santa Cruz, l'ambassadeur du Chili au Royaume-Uni, fut bien le premier amour de Charles, mais elle a démenti que cette relation ait été charnelle. Personne n'en sait davantage, à part les intéressés, et la seule évidence demeure qu'au fil des années un lien affectueux et amical s'est perpétué entre le prince et Lucia, comme en témoignent leurs retrouvailles au Chili, en 2009, lors d'une visite officielle de Charles et Camilla. Devenue « la muse de la droite chilienne », selon la revue féminine *Paula*, Lucia est l'auteur d'un livre, *L'Égalité libérale*[2]. Elle et son mari sont dans leur pays des personnalités politiques. À l'époque où elle connut Charles, Lucia s'imposait par sa beauté, son élégance naturelle, son intelligence et ses connaissances dues à une éducation universitaire hors du commun, mais elle présentait deux défauts irrémédiables pour une éventuelle future reine d'Angleterre : fervente catholique, elle avait

1. La règle aura ses exceptions avec la princesse Margaret, sœur de la reine, et Anne, Andrew et Charles, trois de ses quatre enfants. Seul le dernier, Edward, est toujours le mari de la femme qu'il a épousé en janvier 1999, Sophie Rhys-Jones, devenue par cette union comtesse de Wessex.
2. *Igualidad Liberal*, Santiago du Chili, Libertad Y Desarrollo, 2017.

aussi cinq ans de plus que Charles. Quand le prince la rencontre à Cambridge, la jeune femme est déjà diplômée d'Oxford (pour son doctorat, elle se spécialise dans l'histoire de l'esprit des Lumières, un thème qui s'harmonise fort bien avec son prénom). Enfin, elle se trouve déjà engagée dans une relation amoureuse avec un homme qu'elle épousera un peu plus tard, Juan Luis Ossa Bulnes. Il était donc hautement improbable que la brillante Lucia devienne un jour une reine anglicane.

Après l'élection de Salvador Allende à la présidence du Chili, le 4 septembre 1970, les parents de Lucia rentrent à Santiago et jugent prudent, vu l'instabilité politique dans le pays, de laisser leur fille à Londres poursuivre ses études. Elle loue un appartement à Belgravia, où sa voisine, une jeune aristocrate assez rigolote, se nomme Camilla Shand. Toutes deux se connaissent déjà, pour s'être croisées dans des soirées mondaines, mais leur rapprochement matériel fait d'elles des amies inséparables.

Même au lit

Lucia sait que Charles a eu quelques aventures sans lendemain, qu'il reste solitaire et affectueusement insatisfait. Les manières du jeune prince n'arrangent peut-être pas ses affaires. Charles, affirme Kitty Kelley – sans identifier sa source, hélas ! –, aurait demandé à ses maîtresses de l'appeler « Sir », « même au lit ». Une telle exigence protocolaire semble inconcevable, mais rien, avec lui, n'est impossible. On peut tout de même espérer qu'il s'agit d'une blague, ou de la vengeance calomnieuse d'une jeune femme délaissée, ou encore peut-on s'amuser à imaginer dans cette histoire un jeu coquin sado-maso, mais la nature coincée du prince, à l'époque, ne plaide pas pour pareille hypothèse.

Camilla et son « debs' delight »

Camilla, quant à elle, est depuis l'âge tendre de dix-sept ans la petite amie d'Andrew Parker Bowles, un officier de la garde royale, le Household Cavalry Mounted Regiment, un séduisant cavalier, mais aussi *cavaleur.* Elle le rencontre pour la première fois à un « bal de débutantes », en mars 1965. Andrew, vingt-cinq ans, beau parleur, gendre idéal, fait rire les mamans des jeunes filles et appartient à la caste surnommée à l'époque les *debs' delights* (délices des débutantes), raconte Penny Junor dans sa biographie de Camilla[1]. Enfin, le père d'Andrew est un ami proche de la reine mère, un petit détail qui compte dans ce microcosme de l'aristocratie londonienne. Camilla n'a qu'un seul souci : son fiancé ne résiste jamais à la tentation d'autres femmes. Elle s'en désole, mais ne désespère pas.

Lucia voit ainsi deux amis insatisfaits, d'un côté un prince papillonnant, mais solitaire, de l'autre une voisine charmante, mais mal traitée par un amant volage. Un soir de 1971, elle décide de présenter Charles à Camilla. La rencontre se révèle un succès, de bonnes ondes flottent dans l'appartement de la jeune Chilienne. Charles est séduit par le franc sourire et le rire facile de Camilla, son aplomb, sa simplicité. Ils ont adoré tous les deux *The Goon Show*, une émission humoristique sur la radio de la BBC diffusée durant les années 1950, celles de leur enfance, qu'animaient Spike Milligan, Peter Sellers et Harry Secombe. Lucia prévient en riant les deux jeunes gens qu'ils doivent rester prudents car ils ont des gènes en commun : Alice Keppel, l'arrière-grand-mère de Camilla, fut la maîtresse notoire du roi Édouard VII, fils aîné d'Albert et de Victoria.

Malgré ces conseils, Charles appelle Camilla dès le lendemain. Ils ne se quittent plus pendant les jours qui suivent, avant que le prince ne rejoigne la Royal Air Force, puis la

1. *The Duchess, The Untold Story*, Londres, William Collins, 2017.

Marine. Ils ne se reverront qu'en 1972, lorsque Charles rentre en Angleterre pour quelques semaines et qu'Andrew se trouve en poste en Irlande du Nord, puis à Chypre. Quand ce dernier apprend la romance entre Charles et sa petite amie, il prend sa revanche en devenant pour quelque temps le chevalier servant de la princesse Anne, sœur de Charles.

La folle avoine

Dans le cadre de ses aventures amoureuses, Charles peut compter sur la bienveillance de son grand-oncle, Louis Mountbatten, qui s'est auto-proclamé conseiller et protecteur du jeune prince. Afin d'abriter discrètement ses premières amours et pour ses retrouvailles avec Camilla, il lui prête sa propriété de Broadlands, située près du village de Romsey, à 134 kilomètres du palais de Buckingham en Aston Martin DB6 Volante[1].

Mountbatten, surnommé « Dickie » depuis son enfance, suit de près les péripéties amoureuses du prince et juge bon qu'un jeune homme comme lui « sème sa folle avoine », selon sa pudique métaphore, avant qu'il n'épouse celle qui deviendra la future reine. Et, selon lui, ce ne peut être Camilla dont la famille, heureuse et rurale, n'est pas très élevée dans les subtiles hiérarchies de l'aristocratie britannique. De surcroît, bien sûr, elle n'est pas vierge. Selon Ketty Kelley, qui cite le frère d'Andrew, Richard Parker Bowles, Camilla se serait vantée d'être la première femme à avoir couché avec le prince Charles, en 1971. Le pauvre garçon ne savait pas trop comment s'y prendre et elle, bonne

1. Une note sur cette voiture qui, elle aussi, rend les hommes amoureux. Les parents de Charles offrent à leur fils, pour son vingt et unième anniversaire, la voiture qui est, pour tous les amateurs d'automobiles, la beauté absolue, une sublime Aston Martin DB6 MK II Volante, une décapotable bleu nuit d'une élégance inégalée produite en 1969 à seulement 248 exemplaires. Elle succède à la légendaire DB5, la « voiture de James Bond ».

cavalière, lui aurait dit en riant : « Faites comme si vous étiez sur un cheval de bois. »

Mal de mer et mal du pays

La vie sentimentale de Charles connaît une longue parenthèse, celle de son apprentissage militaire, notamment d'officier de marine. Il est parti en mer sans s'engager auprès de Camilla malgré son affection pour elle. Sans doute a-t-il mesuré les conséquences et les contraintes qu'aurait supposées une demande en mariage. Par ailleurs, Camilla adore voir Charles et s'entend bien avec lui, mais elle reste amoureuse d'Andrew Parker Bowles, que Charles connaît bien car ils ont plusieurs fois joué au polo ensemble, parfois dans la même équipe. Le monde de l'aristocratie britannique est très petit.

Durant ses longues traversées océaniques, qui ne lui épargnent ni mal de mer ni mal du pays, Charles apprend la nouvelle du mariage de Camilla et d'Andrew, le 4 juillet 1973. Il est effondré. Plus personne n'attend son retour en Angleterre.

L'hypothèse Amanda

Le jeune sous-lieutenant de la Royal Navy se trouve alors sur un navire, le *Minerva*, pour une tournée de sept mois dans les Caraïbes, où de nombreuses îles sont membres du Commonwealth. À chaque escale, le marin redevient l'héritier du trône, fêté comme tel, et de son aveu même, l'accueil est souvent très alcoolisé. En avril 1973, il quitte le navire pour passer une semaine dans la petite île d'Eleuthera, à l'est des Bahamas, où l'attend « Oncle Dickie », lord Mountbatten. La fille de ce dernier, Patricia, deuxième comtesse Mountbatten of Burma, et son mari John Knatchbull, septième baron Brabourne, ainsi que l'enfant du couple, Amanda, une adolescente de quinze ans, accueillent le prince dans leur maison au bord de la mer. Charles juge le lieu « un paradis sur terre » et avoue à lord Mountbatten, dans un courrier cité par Dimbleby, qu'Amanda « est devenue une très jolie jeune fille – tout à fait troublante ».

Un an plus tard, Charles reçoit une lettre de son grand-oncle lui annonçant que sa petite fille Amanda est amoureuse de lui depuis son séjour à Eleuthera. Celui qui avait considéré souhaitable qu'un jeune homme « sème sa folle avoine » lui dit maintenant qu'il lui faut choisir « une femme conforme à son rang et d'un caractère docile avant qu'elle ne rencontre quelqu'un d'autre et en tombe amoureuse ». Et il est toujours fâcheux, ajoute-t-il, de « choisir une femme avec de l'expérience alors qu'elle doit rester sur un piédestal après son mariage ».

Un peu de patience

Bien sûr, Mountbatten a la solution : Amanda serait, selon lui, une formidable candidate au titre de princesse de Galles. Charles semble d'accord. Il aime bien cette jeune fille affectueuse qui apprécie les plaisirs de la vie. Il va même en parler à Patricia, la mère d'Amanda, qui est également sa marraine. Elle ne s'oppose pas à cette éventuelle union, mais conseille au prince de patienter avant d'en discuter avec sa fille, qui n'a pas encore dix-sept ans.

Pendant ce temps, conscient de son devoir de se trouver une épouse et d'engendrer quelques enfants capables d'animer l'esprit monarchique des sujets britanniques, le prince continue à chercher et papillonne encore un peu avec les jeunes filles en fleurs qui roucoulent autour des terrains de polo. Les photos des tabloïds anglais se concentrent sur les temps de repos du jeune cavalier, et sur les jolies prétendantes qui semblent avoir sa préférence. On y rencontre parfois Camilla, mais aussi Sibylla Dorman, fille du gouverneur de Malte, Cindy Buxton, une jeune réalisatrice de documentaires animaliers, et d'autres encore, notamment Lady Jane Wellesley, fille du duc de Wellington, ou Sabrina Guinness, jusqu'alors plutôt intéressée par les rock stars.

L'assassinat de Louis Mountbatten

En attendant que mûrisse l'affection de Charles pour Amanda, qui ne sera jamais passionnelle, le prince de Galles se distrait, ou se console avec ces jeunes femmes qui ne se montrent pas toujours aussi discrètes qu'il le faudrait. Les paparazzis les harcèlent, repèrent souvent leurs adresses, puis leurs noms, quand ils voient garée devant une maison l'Aston Martin du prince, automobile elle aussi peu discrète. Ainsi, régulièrement, un gros titre de la presse attribue à Charles « une nouvelle fiancée ». Tout ce chahut médiatique agace Buckingham et irrite Philip au plus haut point.

Il est temps, pense Charles, de demander la main d'Amanda, choix pondéré et raisonnable, bien qu'il la sache hésitante. Mais un grand malheur arrive. Le 27 octobre 1979, Louis Mountbatten quitte le port de Mullaghmore, en Irlande, où il a ses habitudes estivales, à bord de son bateau de pêche en bois, le *Shadow V*, pour une chasse au thon et le relevé de quelques paniers de langoustes. Non loin de la côte, le bateau explose. L'organisation terroriste nord-irlandaise IRA avait placé de nuit, sous la coque, une bombe télécommandée. Mountbatten perd ses deux jambes. Secouru par des marins pêcheurs, il meurt avant d'atteindre la terre ferme, à soixante-dix-neuf ans. L'attentat tue également deux jeunes garçons, Nicholas Knatchbull, âgé de quatorze ans et petit-fils de Louis, et un membre de l'équipage, Paul Maxwell, quinze ans. La mère de Nicolas, Lady Patricia, fille aînée de lord Mountbatten, son père, John Knatchbull, son frère jumeau, Timothy, sont grièvement blessés. Enfin, la grand-mère du garçon, Lady Brabourne, quatre-vingt-trois ans, meurt de ses blessures le lendemain.

Après ce drame, Amanda n'épousera pas le prince de Galles, très affligé par la disparition d'un homme qu'il considérait comme « le grand-père que je n'ai jamais eu ».

Quelque temps plus tard va s'ouvrir l'ère de Diana la Turbulente.

Quatrième partie

LE TSUNAMI DIANA

Diana, fiancée éperdue

Durant sa courte existence de princesse de Galles, Diana vivra deux époques, l'une désolante, l'autre admirable. Charles, et avec lui l'ensemble de la famille royale, connaîtra un avant-Diana, quand tout allait bien, et un après, beaucoup plus incertain. Cette jeune femme va ébranler la monarchie britannique, qui mettra une bonne décennie à s'en remettre.

Quand elle rencontre le prince Charles pour la première fois, en 1977, la jeune fille de seize ans n'a rien d'exceptionnel. Elle avoue être une « adolescente potelée » et ne se sent pas concernée par le prince qui drague l'une de ses sœurs aînées, Sarah. La présentation à l'héritier du trône ne constitue pas, pour Diana, une grande affaire. Sa famille entretient des liens amicaux et historiques avec les Windsor, et Diana a joué, enfant, avec les petits frères du prince, Andrew et Edward.

Le vicomte espérait un garçon

Elle voit le jour en juillet 1961 dans le domaine de Sandringham, au sein d'une famille, les Spencer, appartenant à la haute aristocratie anglaise depuis le XVe siècle et qui avaient été les plus riches négociants de moutons d'Europe. La naissance de Diana n'est pas accueillie avec joie par ses parents, notamment son père, John Spencer, vicomte Althorp et huitième comte Spencer, qui espérait un garçon pour transmettre son nom à la postérité. Or, sa jeune épouse, Frances, donne encore naissance à une fille après les deux premières, Sarah et Jane. Le comte Spencer humilie sa femme en l'envoyant dans plusieurs cliniques londoniennes tenter de trouver les causes d'un tel phénomène. Dix-huit mois avant la naissance de Diana, elle avait bien mis au monde un bébé de sexe masculin, John, mais, difforme et très fragile, il ne vécut que dix heures. En 1963, elle donne enfin à son mari un autre garçon, Charles, qui va partager avec Diana les plaisirs et les malheurs de l'enfance. Il rendra un hommage admirable à sa sœur, le jour de ses funérailles, le 6 septembre 1997.

Le grand traumatisme des enfants Spencer, notamment des deux plus jeunes, Diana et Charles, fut la séparation de leurs parents, en 1967. « Pour mon frère et moi, cette expérience s'est révélée très déstabilisante et douloureuse », déclare-t-elle au journaliste Andrew Morton[1]. Cette enfant malheureuse et rondelette déteste sa belle-mère, la comtesse de Dartmouth, Raines, qu'elle surnomme « Acid Rain[2] », et qui a épousé son père en 1976. Diana aime la danse, la natation et le piano, mais pas l'école, et n'obtient pas les notes d'études secondaires permettant d'entrer à l'université. Adolescente,

1. La première édition du livre d'Andrew Morton, *Diana, Her True Story*, est publiée en 1992 par Michael O'Mara Books, à Londres. En 1997, une nouvelle édition enrichie d'un verbatim d'une série d'entretiens avec la princesse, *Diana, In Her Own Words*, est publiée à Londres chez le même éditeur. La version française de cette dernière édition, traduite de l'anglais par Édith Ochs, Claude Nesle et Louise Lenormand, *Diana, racontée par elle-même*, est publiée en 1997 par l'Archipel. On reparlera de cet ouvrage qui fut, au Royaume-Uni, un événement considérable, perçu comme une arme de destruction massive visant la famille royale.
2. *Acid rain*, « pluie acide », est le terme utilisé pour désigner les diffusions de défoliants par l'aviation américaine sur les forêts du Vietnam dans les années 1970.

elle reste timide, sans élégance, et vénère sa sœur Jane, la jeune fille extravertie et audacieuse qu'elle aurait sans doute aimé être. Quand le prince Charles commence à lui porter de l'intérêt, elle se demande ce qu'il peut bien lui trouver.

Diana s'emballe

Oie blanche, n'ayant pas l'habitude des garçons ni du flirt, Diana vit depuis peu à Londres avec deux copines aristos dans un appartement de trois chambres d'un immeuble élégant, Coleherne Court, entre Earl's Court et South Kensington, que lui a offert sa mère pour ses dix-huit ans. La jeune femme occupe son temps et gagne un peu d'argent avec des travaux de ménage, des gardes d'enfants et un emploi dans une petite école. Plus tard, elle dira que cette époque fut la plus heureuse de sa vie. Laquelle ressemblait à une vie de collégienne, avec copines, papotage, rigolades et spaghettis-ketchup.

Avec Charles, Diana s'emballe pour ce qui ressemble au début d'une idylle. Elle est certes un peu déstabilisée par le secret de polichinelle qui circule parmi toutes les jeunes filles de son âge et de son cercle social : le prince de Galles continue à voir régulièrement Camilla Parker Bowles. Elle connaît aussi l'histoire de la dernière petite amie de Charles avant qu'il ne s'intéresse à elle, Anna Wallace, une très jolie jeune femme au caractère bien trempé, héritière d'une grande famille écossaise. Fou d'elle, le prince, paraît-il, lui proposa par deux fois de l'épouser, mais elle hésita, sachant que Charles restait attaché à Camilla. Le prince invita Anna au bal organisé à l'occasion des quatre-vingts ans de la reine mère et passa toute la soirée à danser avec… Camilla. Selon Jessica Jayne, auteure de romans d'amour et d'une biographie de Camilla[1], Anna Wallace fit une scène publique à

1. *The Duchess of Cornwall, Camilla Story and Secrets*, Londres, Platinum Publishing, 2012.

la fin du bal, déclarant à Charles n'avoir jamais été aussi mal traitée de sa vie. Elle lui lança : « Vous m'avez laissée seule toute la soirée, eh bien maintenant, vous continuerez sans moi. »

Un prince empressé

Peu de temps après, invitée à passer un week-end dans la maison de campagne de Robert de Pass, un ami du prince Philip, Diana dîne à côté de Charles, qui lui semble très « empressé » à son égard. Selon le *verbatim* du livre de Morton, la jeune fille juge que le prince « manque de réserve ». Elle s'en étonne, mais ne s'en offusque pas puisque le lendemain soir, après l'avoir vu jouer au polo l'après-midi, elle se retrouve assise avec lui sur une meule de foin tandis que la bande des amis de l'hôte prépare un barbecue. Diana, qui sait qu'Anna Wallace a récemment rompu avec Charles, dit à celui-ci, avec ruse ou ingénuité, nul ne le sait, qu'elle l'avait trouvé si triste quand il avait remonté l'allée de l'église lors des funérailles de lord Mountbatten que « mon cœur a saigné pour vous. J'ai pensé que vous étiez seul, et que cela n'était pas bien, qu'il fallait que quelqu'un veille sur vous ». Aussitôt, raconte-t-elle, « il m'a pratiquement sauté dessus et j'ai trouvé cela très bizarre ». Mais qu'attendait-elle d'autre, sur sa meule de foin ?

Il l'appelle Diana, elle lui dit « sir »

Sans doute attendait-elle la suite, qui provoqua chez elle et ses amies beaucoup d'excitation, des invitations à l'opéra, puis à dîner à Buckingham Palace avec pour chaperonne la grand-mère de Diana, Lady Ruth Fermoy, dame de compagnie de la reine mère. Charles la convia ensuite, en août 1980, à une réception joyeuse et dansante que donna son père, le prince Philip, sur le *Britannia*, le yacht royal, à l'occasion des régates de Cowes, au large de l'île de Wight. Selon le journaliste Nicholas Davies[1], c'est à cette occasion que « Diana et Charles échangèrent leur premier baiser passionné ».

Les deux jeunes gens, à partir de ce moment, se voient de plus en plus souvent et sont très bien ensemble. Charles pense sans doute que cette jolie et innocente Diana, rieuse comme une adolescente et manifestement amoureuse de lui, lui fera oublier son premier amour de jeunesse, Camilla Parker Bowles, et qu'elle sera une reine tout à fait agréable. Mais il lui fait passer une épreuve qui marquera le futur de leurs relations. En septembre, il invite Diana au château de Balmoral, en Écosse, lieu que le prince adore. L'air frais et la nature qui entoure la propriété l'enchantent. Il aime y chasser avec ses amis ou pêcher à la mouche dans la rivière Dee. Diana fait comme toutes les femmes des invités, elle s'ennuie, feuillette des magazines, regarde par la fenêtre des bandes de brume s'accrocher au paysage, alors que les hommes sont partis dès l'aube chaussés de bottes, leurs fusils en bandoulière. Quand les chasseurs ont terminé leur journée, les femmes sont conduites en Land Rover dans une clairière où les attendent leurs hommes et un pique-nique très « royal » leur est servi par des valets en livrée avec porcelaine, verres en cristal et victuailles dans des paniers d'osier.

Très vite, la vie quotidienne de Diana devient un drôle de tourbillon. Des photographes font le siège de sa maison londonienne et du jardin d'enfants où elle travaille. Elle fait mine de supporter gentiment leur présence, souriante et toujours muette, mais avoue avoir souvent éclaté en sanglots une fois rentrée dans son appartement. Ni Charles, ni Buckingham ne l'aident beaucoup dans cette affaire et même si elle se débrouille assez bien avec les photographes,

1. *Diana, la princesse qui voulait changer le monde*, traduit de l'anglais par Anne Leurot, Archipoche, 1998, édition française de *The Princess Who Changed the World*, Londres, Blake Publishing, 1997.

Diana se montre stressée et un peu perdue. Charles est le premier homme à lui faire la cour, mais d'une façon inattendue. « Il l'appelait Diana, elle lui disait "sir" », écrit Morton. Elle n'est jamais vraiment restée seule avec lui, invitée à des dîners ou à des week-ends à la campagne avec d'autres amis de Charles parmi lesquels se trouvaient souvent Camilla et son mari, Andrew Parker Bowles. Ces parties de campagne ont généralement lieu à Highgrove, la nouvelle propriété de Charles (ou plus précisément, celle du trust du prince) dans le Gloucestershire, qu'il fait visiter avec enthousiasme à Diana en octobre 1980. Celle-ci se doute bien que les autres hommes ne séduisent pas les femmes de cette façon, mais elle ne raisonne plus clairement. Elle est amoureuse, sans trop savoir pourquoi, avec l'enthousiasme de la jeunesse et le bonheur qu'elle ressent en présence du prince, un cocktail de passion, d'admiration et de respect. Elle trouve Charles souvent triste, surmené, et aimerait, comme elle le lui avait dit sur la meule de foin, « veiller sur lui ». Il est son premier amour et personne, sinon sa grand-mère Lady Fermoy – que cite Morton – ne l'avertit des difficultés qui l'attendent : « Vous devez comprendre que leur sens de l'humour et leur style de vie sont différents des nôtres. Je ne pense pas que cela vous conviendra. » D'autres sources prétendent cependant que Lady Fermoy envisageait favorablement cette union.

Deux fers au feu

De son côté, Charles reste prudent et un peu indécis. Il juge Diana – que la presse surnomme déjà « Lady Di » – très aimable et charmante, et lit dans la presse que ses sujets sont enthousiastes à l'endroit de cette jolie et gentille jeune aristocrate. Mais l'aime-t-il et qu'est-ce vraiment que l'amour ? Doit-on absolument être amoureux ? Nous verrons qu'il nourrit des doutes à cet égard. L'amour lui paraît un concept abstrait, certains autres jours la réalité d'un sentiment. Sans doute est-il, lui aussi, un peu perdu. Enfant d'une longue dynastie, il sait qu'amour et mariage sont deux choses distinctes. Au fond, s'il a bien entendu ce que lui a dit son oncle défunt, lord Mountbatten, Diana incarne la parfaite candidate pour un mariage princier. Jeune, jolie, aristocrate, anglicane, rurale et vierge (ce qui fut certifié par un gynécologue de la cour), elle est donc « sans passé », à savoir sans expérience des hommes, et apparemment apte à faire des enfants afin d'assurer la pérennité des Windsor. Comme Diana ne manque pas de charme, Charles pense pouvoir l'épouser, mais s'interroge tout de même sur l'avenir de cette éventuelle union. Pas question de divorcer, chez les Windsor, à cette époque, et si les deux jeunes gens sont censés vivre ensemble un bon demi-siècle, resteront-ils, sinon toujours amoureux, du moins des amis et partenaires l'un pour l'autre au cours de leur vieillesse ?

Sans doute compare-t-il sa complicité avec Camilla, la simplicité de cette jeune femme, sa bonne humeur, et son intérêt pour Diana, jolie et gentille, gaie en privé, mais timide en public et sans profondeur. Au fond, la vie serait sans doute plus simple, plus drôle et plus prometteuse avec la première. Mais elle est mariée. Que faire ? Garder deux fers au feu ? Une jeune vierge pour l'avenir de la monarchie, une bonne vivante pour l'amour et la vie ? Peut-être.

Tant pis pour l'amour

Il faut surtout se dépêcher, juge le père de Charles, le duc d'Édimbourg. Comme à son habitude, la reine n'a rien dit de cette nouvelle amie qu'elle connaît pourtant depuis longtemps, mais la reine mère est enthousiaste et Philip impatient. Il presse son fils de se décider vite. Ou il épouse Diana, ou il la quitte tout de suite afin de ne pas compromettre son avenir et sa réputation.

Charles considère le message de son père comme un ultimatum. Il lit la presse et comprend aussi que le peuple britannique verrait cette union d'un bon œil. Lui-même est séduit, apprécie la compagnie de Diana. Il la trouve ravissante, attentive, amoureuse. Alors, mieux vaut oublier ces spéculations sur l'amour et agir de façon raisonnable, excluant un moment la sphère des sentiments. Charles s'était promis de trouver une épouse avant ses trente ans. Il en a trente-deux. La belle Diana fera l'affaire. Il décroche son téléphone.

« *Whatever in love means* »

Charles appelle Diana alors qu'il skie à Klosters, en Suisse, avec ses amis Charlie et Patti Palmer-Tomkinson, et convoque la jeune femme au château de Windsor le 6 février 1981. « J'ai quelque chose d'important à vous demander », lui-dit-il. Diana devine que Charles va lui demander sa main. Elle en parle à ses copines, l'excitation monte. Dans le livre de Morton, Diana raconte qu'à son arrivée au château de Windsor, Charles lui annonce qu'elle lui a manqué durant son séjour en Suisse, sans esquisser aucun geste de tendresse à son endroit. Même si l'héritier du trône a treize ans de plus qu'elle, ils semblent aussi coincés l'un que l'autre. La jeune fille l'est sans doute par ignorance, lui par nature. Sur un ton sérieux, genre entretien d'embauche, il lui demande donc si elle accepte de l'épouser. Les nerfs à fleur de peau, elle éclate de rire avant de répondre en pouffant « oui, d'accord ». Le prince reste de marbre. « J'espère que vous comprenez qu'un jour vous serez reine », lui dit-il. Éperdue, Diana lance : « Oui, je vous aime tellement, je vous aime tellement. » « *Whatever in love means* », rétorque Charles, « quoi que veuille dire être amoureux ». Cette phrase glaçante, prononcée dans de telles circonstances, Charles l'utilisera à nouveau, devant la presse, après l'annonce des fiançailles, le 24 février 1981. Diana porte alors une bague magnifique, un saphir bleu de dix-huit carats entouré de quatorze diamants sur une monture en or blanc, créée par Garrad, un bijoutier de Chelsea fournisseur de la cour depuis le XIXe siècle. *« Are you in love ? »* (« Êtes-vous amoureux ? »), demande de façon apparemment saugrenue, mais finalement pertinente, un journaliste aux fiancés. Avec cette posture réservée qu'elle adopte souvent, tête penchée mais regard droit, tel un animal traqué surveillant son prédateur, Diana répond « bien sûr ». Charles, une moue dubitative sur le visage, répète ce *« whatever in love means »*. Un ange passe. Le prince salue les journalistes d'un bref sourire et entraîne Diana loin de ces importuns.

Un rayon de soleil après l'hiver des mécontentements

La nouvelle des fiançailles, qui permet à Diana de ne plus appeler Charles « sir », puis l'annonce de la date du mariage qui aura lieu le 29 juillet 1981, enchantent la population britannique. Enfin une bonne nouvelle, l'une de celles que l'on attendait depuis longtemps en Angleterre, un rayon de soleil après le fameux Winter of Discontent (« l'Hiver des mécontentements ») 1978-1979. Ce dernier reste dans les mémoires comme un moment singulier d'effondrement, de chaos industriel et social, avec des écoles fermées, des ports bloqués par les dockers, des montagnes d'ordures non ramassées, des cadavres attendant d'être enterrés par les croque-morts. Après le suicide collectif de la gauche que représentait le Old Labour, le vieux parti travailliste, les conservateurs promettent avec leur victoire électorale, le 4 mai 1979, une nouvelle époque des Lumières. La Première Ministre, Margaret Thatcher, fille d'un épicier du Lincolnshire, prône un libéralisme moral et les valeurs victoriennes de décence, de travail et de bon voisinage. « Je suis entrée en politique en raison du conflit entre le bien et le mal », dit-elle.

« Et pourtant le *thatchérisme* fut l'âge de la consommation effrénée, du crédit, de la frime, du fric vite gagné et du libertinage sexuel », écrit Andrew Marr dans un livre remarquable, *History of Modern Britain*[1]. « C'est comme ça avec la liberté, ajoute-t-il. Quand vous libérez les gens, vous ne pouvez jamais savoir de quoi, exactement. »

C'est au cœur de ce maelström conjoncturel que Charles et Diana vont se marier, en grande pompe et pour le ravissement des sujets de sa Gracieuse Majesté. Le prince a trente-deux ans, Diana dix-neuf. Leur union, comme l'époque, sera turbulente.

---

1. Londres, Pan Books, 2009.

Boulimie et conte de fées

Ce 29 juillet 1981, l'auteur de ce livre est envoyé à Londres par le journal pour lequel il travaille alors, *Libération*, accompagné de deux confrères tant l'événement semble exceptionnel. Des centaines de milliers de badauds (le chiffre de six cent mille a été avancé) agitant des petits drapeaux britanniques et souvent dotés de strapontins pliants, d'un périscope en carton, d'une boîte de biscuits et d'un thermos rempli de thé sont massés le long du parcours allant de Buckingham à Saint-Paul, en passant par Trafalgar Square et Fleet Street. L'un d'entre nous juge raisonnable de retourner à l'hôtel suivre l'événement à la télévision, rejoignant ainsi sept cents millions de téléspectateurs dans le monde. Les deux autres, dont je suis, entreprennent d'interroger les badauds, qui disent tous plus ou moins la même chose : il s'agit d'un jour historique, magnifique, magique, émouvant, ils aiment la famille royale, ils n'imaginent pas l'Angleterre sans la reine, Diana et Charles forment un couple épatant, la monarchie est là pour durer, les jeunes mariés vont fonder une famille royale extraordinaire, ajoutant qu'ils se sont tous levés très tôt ou parfois même ont dormi dans la rue pour être aux premières loges de ce glorieux matin. Un jeune homme se déclarant homosexuel, et sans doute énervé par quelque substance illégale, nous offre un scoop : de source sûre, nous dit-il, le prince Philip, mari de la reine, a le corps couvert de tatouages. Au moment d'écrire notre article, nous décidons, à regret, d'oublier cette anecdote invérifiable.

Écrire seul est déjà ardu, à trois, nous frôlons le déraisonnable, et heureusement, peut-être, je ne me souviens plus très bien du résultat de notre labeur collectif. La « une » de *Libé* ce matin-là reste, par contre, bien ancrée dans ma mémoire : un photomontage reprenant la photo officielle des fiançailles sur laquelle Charles apparaît plus grand que sa future épouse pour se tenir sur la marche la plus élevée d'un perron, se hissant ainsi au-dessus de Diana, laquelle se montre à la fois souriante et les seins nus[1].

Les boutiques de souvenirs offrent assiettes, torchons, bols et services à thé imprimés de photos du couple princier. Avant mon retour à Paris, je ne résiste pas à la tentation d'acheter un *mug* conçu par le caricaturiste et rédacteur en chef du *Sunday Times*, Marc Boxer. On y voit le visage de Charles prolongé d'une grande oreille[2] servant d'anse. Posée sur mon bureau, elle contient toujours, aujourd'hui encore, ma collection de Criterium et de crayons noirs.

Malade comme un chien

De loin, nous avons vu passer Diana, accompagnée de son père, dans un majestueux carrosse utilisé pour le couronnement de George V. Lord Spencer salue la foule avec enthousiasme, comme s'il était l'objet des acclamations. Derrière la vitre, Diana offre un sourire radieux. Quand la jeune femme sort de son carrosse, devant la cathédrale Saint-Paul, une clameur s'élève, tandis que deux demoiselles

1. On peut trouver cette une sur Internet sous le lien suivant : http://unes.liberation.fr/detail.cfm?idpicture=213940497.

2. On peut voir ce mug sur Internet sous le lien suivant : http://www.original-political-cartoon.com/cartoon-gallery/buy/marc-boxer-mug-on-the-wedding-of-prince-charles-to-lady-diana/219/.

d'honneur tirent énergiquement du véhicule la longue traîne – plus de sept mètres – de la robe de la mariée.

« La veille de la cérémonie, raconte Diana dans le livre de Morton, j'ai eu une grave crise de boulimie, j'ai mangé tout ce qui me tombait sous la main (...). Cette nuit-là, j'ai été malade comme un chien. »

« *D'immenses espoirs emplissaient mon cœur* »

Quand elle monte les marches de la cathédrale et se dirige vers l'autel en compagnie de son père – dont les pas hésitent en raison d'un accident cérébral récent –, Diana est à la fois émue et tétanisée. Sans doute a-t-elle peur de trébucher, de se prendre les pieds dans sa longue robe, de ne pas respecter le complexe protocole de l'événement. Elle regarde l'assistance avec un sourire figé et des yeux mobiles qui cherchent et finalement trouvent, parmi les invités, Camilla et Andrew Parker Bowles. Mais qu'importe, au pied de l'autel, c'est elle qu'attend Charles, magnifique dans sa tenue de gala de la marine, ceint de la ceinture bleue de l'ordre de la Jarretière, le plus prestigieux du royaume. Le prince a peut-être la gueule de bois, mais ne le montre pas. Durant la nuit, il a enterré sa vie de garçon dans son club de Saint James's, White's, l'un des plus anciens et des plus huppés des gentlemen's clubs de Londres qui restent fermés aux femmes. Dans sa biographie du prince, Sally Bedell Smith affirme que Charles a pleuré la veille de son mariage. « Il était toujours amoureux de Camilla, une femme pleine de vivacité, irrévérencieuse, indifférente à la mode, modeste et affectueuse[1]. »

Après les serments du mariage – Diana se trompe dans l'ordre des prénoms de Charles, ce sera son unique

---

1. *Prince Charles: The Passions and Paradoxes of an Improbable Life*, Londres, Random House, 2017.

maladresse –, elle ne promet pas obéissance à son mari, cette déclaration d'allégeance traditionnelle ayant été écartée à la demande du couple. L'archevêque de Canterbury bénit l'anneau d'or au blason du pays de Galles que Charles passe au doigt de Diana, les alliances n'existant pas dans le culte anglican.

La cérémonie terminée, Lady Diana, assise dans un cabriolet à côté de Charles, revient vers Buckingham sous les vivats et les cris de joie de la foule immense. La jeune princesse, son prince charmant, un conte de fées. Au palais, la foule veut voir les mariés au balcon et réclame un baiser. Charles demande alors à sa mère la permission d'embrasser sa femme, un baiser sur la bouche qui déclenche un tonnerre d'applaudissements. « D'immenses espoirs emplissaient mon cœur », dira plus tard Diana à Andrew Morton.

Ces espoirs tournent vite à la désillusion.

L'amour et l'ennui

Après leur nuit de noces à Broadlands, la maison qui avait appartenu à Louis Mountbatten, Charles et Diana rejoignent Gibraltar où ils embarquent sur le yacht royal, le *Britannia*. Le navire part pour une croisière de deux semaines en Méditerranée, longe les côtes d'Afrique du Nord, avant de mettre le cap sur la Crête. Selon Stephen Barry, le valet de Charles qui le sert à bord, c'est pour le jeune couple un voyage délicieux, avec grasses matinées, farniente sous la véranda, dîners en tête à tête sur le pont. Le navire fait souvent escale quand une plage déserte se présente sur la côte, l'occasion d'un pique-nique sur le sable, entre bains de mer et bains de soleil. « Diana fut merveilleusement heureuse pendant son voyage de noces », raconte Barry, qui quittera son service quelques mois plus tard, sans doute à la demande de Diana – elle ne l'aimait pas, si l'on en croit la presse de l'époque. Il fait partie des quelques domestiques de la Couronne qui n'ont pas tenu leur promesse de confidentialité en racontant dans un livre ses douze années au service de Charles[1]. « Diana était radieuse. Charles aussi semblait

1. *Service Royal 12, ans au service du Prince Charles, par son valet de chambre*, Éditions Générique, 1983 (édition française), et *Royal Service, My Twelve Years As Valet to Prince Charles*, Londres, Macmillan, 1983, pour l'édition anglaise.

ravi, mais moins démonstratif. » Le couple se joint de temps en temps à l'équipage – quelque deux cents personnes –, lors de fêtes d'anniversaire à bord ou de barbecues sur les plages. Diana se rend souvent dans les cuisines, où elle aime discuter recettes et assaisonnements avec les cuisiniers, et goûter à la cuillère un échantillon de leurs créations. Plus tard, elle dira que son voyage de noces avait été « fabuleux ».

Cette croisière en Méditerranée terminée, les jeunes mariés partent, dans la brume et sous la pluie du début de l'automne, à Balmoral, la retraite écossaise d'Elizabeth, la royale belle-mère de Diana qui, même en vacances, ne badine pas avec le protocole. La jeune femme fait la révérence chaque fois qu'elle la croise dans un couloir. La princesse marche dans la campagne avec Charles, le regarde pêcher dans la Dee ou chasser la *grouse*. En rentrant, elle aimerait prendre un bain chaud et avoir le temps d'essayer plusieurs robes avant de choisir celle qu'elle portera pour le dîner. Mais l'apéritif commence à 19 h 30 et il n'est pas envisageable d'arriver après la reine ou de la faire attendre. En smoking, Charles presse sa femme pour qu'elle soit dans les salons avec lui et les invités du soir avant que ne descende la reine, à l'heure exacte. Diana découvre soudain trois choses qui la désolent : Charles se montre bien plus attentif à sa mère qu'à sa jeune épouse ; le protocole royal s'apparente à une discipline de fer, loin de ses habitudes ; enfin, elle est mal à l'aise et maladroite dans ses conversations avec des invités qu'elle ne connaît pas. La jeune femme prend conscience qu'elle ne sait rien dire de drôle ou d'intéressant à des gens qu'elle n'a jamais vus et qui, généralement, sont plus âgés et plus à l'aise dans l'exercice de ces mondanités. Charles, à ce sujet, joue son rôle en virtuose, échangeant quelques mots et une innocente plaisanterie avec chacun des convives, ravis. Puis vient le dîner, qui commence à 20 heures pile, quand la reine s'assied, et dure parfois deux heures, jusqu'à ce que la souveraine donne enfin, en se levant, le signal du départ. Toujours assise loin de Charles, comme le veulent les règles des plans de table de la Couronne, Diana écoute ses voisins parler de choses sans conséquence avec un talent certain, lancer quelque bon mot, une référence littéraire, un souvenir de chasse. Diana ne sait quoi dire et sourit gentiment, à la fois embarrassée par son manque d'à-propos, pressée d'en finir et morte d'ennui.

Plus tard, écrit Nicholas Davies, elle fera cette confidence à un écuyer de Charles : « La reine me terrifie. Dès que je la vois, je tremble des pieds à la tête (...). Elle est gentille avec moi, elle fait son possible pour me mettre à l'aise, mais je suis incapable d'être naturelle quand je suis avec elle. Je rougis et je ne trouve plus mes mots. »

La jalousie l'emporte

De retour à Londres, le couple quitte Buckingham où il s'était installé – Diana parle d'une bâtisse animée d'une « énergie morte » – pour le palais de Kensington, mais cela ne change rien à l'opinion de la jeune mariée sur la cour. Elle sait vivre désormais dans un monde sinistre, fermé, réglé comme une horloge. Toujours attachée à l'insouciance, à la fantaisie et à la frivolité de ses années d'adolescence, elle est épuisée par la maîtrise du protocole, sa rigueur chronométrique ; la froideur des sentiments de la famille royale l'exaspère. La cour l'accueille poliment mais sans chaleur, se méfiant de cette jeune femme dont la fragilité saute aux yeux. De plus, Diana comprend que Charles entretient toujours des liens avec Camilla, liens qu'il lui jure être, désormais, de nature purement amicale. Mais la jalousie l'emporte et la rend malade, à tel point qu'elle passera dix ans à lutter contre la boulimie. Malgré sa volonté d'être une épouse à la fois aimante et discrète, malgré son désir de ne pas nuire à son mari, Diana déteste la cour et, n'en jouant pas le jeu, la perturbe. « En bonne logique, l'institution prévaut sur les inclinations personnelles, écrit Marc Roche dans son livre sur la reine. Une fois allié à la famille, le conjoint est contraint de s'effacer devant l'institution monarchique car celle-ci doit se protéger, lutter contre une menace permanente, quotidienne : l'absence totale de justification, en démocratie, du principe héréditaire[1]. »

C'est ainsi que la jeune femme va ébranler la planète Windsor.

Boulimie et frustration

Diana déteste la cour, ses clans, ses hiérarchies, son protocole, ses courbettes, ses silences. Elle ne fait confiance à personne et dérange tout le monde. Les courtisans l'évitent car elle leur pose de plus en plus souvent des questions sur Camilla, auxquelles ils ne peuvent, ou plutôt ne veulent pas répondre. Elle hurle dans les longs couloirs, fait des scènes à son mari, lequel la supporte de moins en moins. Lui qui a appris à ne jamais exprimer ses sentiments en public se retrouve désemparé et malheureux devant une épouse aussi émotive et instable. Il tente de l'aider, invite des gens plus jeunes que lui pour égayer ses soirées, mais Diana les trouve snobs et puérils. Charles se demande ce qu'il doit faire pour retrouver la radieuse jeune fille qu'il a connue. Il s'efforce de la rendre de nouveau heureuse, mais il ne peut à la fois changer le caractère de sa mère ni d'ailleurs le sien, et les usages de la cour.

À la demande de Diana, le prince congédie à regret une quarantaine de membres de son équipe, des gens qui lui ont été utiles et fidèles, auxquels il n'a rien à reprocher et qu'il aime bien, mais sa femme ne veut plus les voir. Ils personnifient ce qu'elle déteste, la discipline, la distance, la rigueur. Bref, le clan du prince au sein d'une cour inflexible que commande une reine impassible et muette. Rien n'y fait. Diana maigrit à vue d'œil, mange puis vomit, termine ses journées épuisée et frustrée.

1. *Elizabeth II. Une vie, un règne,* La Table ronde, 2010, pour la première édition, et Tallandier, 2016, pour la deuxième.

Lors de ses sorties publiques, elle fait bonne figure, sourit aux photographes, mais éclate en sanglots une fois rentrée au palais. Charles pense que son épouse souffre, depuis son mariage, d'une transition difficile d'une vie d'adolescente insouciante à celle de princesse royale. Tout cela va passer, se dit-il. Il tente de la calmer, de la convaincre de s'adapter à sa situation nouvelle, mais ces efforts et cette indulgence ne vont pas durer. Il ne supporte plus les scènes de sa femme et s'enferme dès le premier éclat dans une chambre au dernier étage du palais de Kensington. Souvent, il y dort aussi. Diana panique à l'idée que son mari ne l'aime plus. La voici à nouveau désespérée. Leur seul point commun, c'est leur côté irrationnel : Charles avec ses lubies holistiques, Diana avec les voyantes et astrologues qu'elle consulte dans l'espoir d'entrevoir un avenir plus heureux.

Puis elle est enceinte. Et son nouvel état ne semble pas l'apaiser.

Équilibre instable

Enceinte, Diana continue à montrer des comportements erratiques. Un jour, elle se taillade les bras et jambes. En janvier 1982, enceinte de douze semaines, elle tombe dans le grand escalier en bois de Sandringham, un geste intentionnel, dira-t-elle plus tard. Un gynécologue de la cour quitte Londres pour venir l'ausculter. La jeune femme souffre de nombreux hématomes, mais le fœtus ne semble pas avoir été affecté par l'incident. Ces tentatives de suicide plus théâtrales qu'efficaces constituent autant d'appels au secours qui non seulement ne sont pas entendus, mais exaspèrent la famille royale. La reine conseille néanmoins à Charles de se montrer plus attentif à l'égard de son épouse. Ce dernier a toujours considéré que ses parents, surtout son père, l'ont poussé à s'engager dans ce mariage qu'il juge, certains jours, calamiteux. Lui aussi a les nerfs à fleur de peau et s'emporte : « Mais ne voyez-vous pas qu'elle est folle ! », répond-il à sa mère.

Charles ne sait plus quoi faire. Il entre dans une période d'introspection, cherchant ce qui a cloché. Est-il responsable ? Pourquoi, soudain, tout a basculé ? Il interroge ses amis et quelques conseillers qu'il juge fiables, mais personne ne sait que répondre, et ceux qui ont leur idée préfèrent la garder pour eux. Il se tourne alors vers Camilla, qui le rassure. Souvent, les femmes enceintes sont dépressives, lui dit-elle. Elle lui conseille la patience, de donner à son épouse des signes d'amour et de tendresse. En février, Charles part avec Diana aux Bahamas pour lui changer les idées sous le soleil des tropiques. Là, tout va un peu mieux, jusqu'au jour où paraît dans la presse une photographie prise au téléobjectif de Diana sur une plage, enceinte, vêtue d'un bikini. À cette occasion, la reine sort enfin du bois pour tenter de protéger sa belle-fille en faisant publier une déclaration condamnant « ce jour le plus noir dans l'histoire de la presse britannique ».

L'amour sans partage

La jalousie de Diana à l'encontre de Camilla surprend tout le monde, en premier lieu l'intéressée elle-même, désormais mariée et qui, à l'époque, a rompu sa relation amoureuse avec le prince, mais non l'amitié qui les unit toujours. Selon la tradition aristocratique, épouser un futur roi n'a rien d'une histoire d'amour, il s'agit d'un contrat dynastique. Il inclut que le prince, ou le roi, puisse avoir à la fois une maîtresse de cœur et une femme de raison qui lui donne des enfants, de préférence des garçons, afin de perpétuer la lignée. Diana ignorait ce détail. Ou plus vraisemblablement, sa jeunesse, sa fougue, sa passion l'empêchent de concevoir pareil arrangement. À ses yeux, l'amour ne se partage pas. Camilla, qui a recherché dès le début la compagnie de la jeune femme, qui l'a conseillée, tâchant de s'en faire une alliée et non une ennemie, ne s'attendait pas à tant de jalousie de la part de l'épouse du prince. Quant à Charles, qui considère comme non négociable la présence de Camilla dans sa vie, il tente quand même une concession et promet que son ancienne maîtresse ne restera plus qu'une « vieille amie ». Le « camp » de la cour – une association informelle des proches de Charles née en opposition à celui des soutiens de Diana – affirme que le prince a tenu parole. Charles lui-même le confirmera bien plus tard, lors d'une interview, quand il admet publiquement avoir trompé sa femme, mais seulement après avoir compris que son mariage ne pouvait plus durer.

Le mauvais côté de la rue

Dès que Diana sort avec son mari pour un événement officiel, c'est vers elle que se tournent caméras et appareils photo, et quand Charles serre les mains de badauds sur le trottoir de gauche tandis que Diana fait de même sur le trottoir de droite, il arrive que les premiers se désolent d'être placés du mauvais côté de la rue. Malgré ses malheurs privés, Diana offre au public un sourire radieux, une élégance naturelle, et surtout sa jeunesse. Plus guindé, Charles sent que sa femme lui fait de l'ombre, et il n'aime pas cela. La princesse jalouse rend son mari envieux. Elle découvre que sa popularité, qui la perturbait hier encore, pourrait constituer un atout, pour ne pas dire une arme. La royauté, avec elle, prend un coup de jeune qui se révèle aussi un coup de semonce. C'est le début d'une revanche, la renaissance d'une femme plus en contrôle d'elle-même et plus inquiétante encore pour la planète Windsor.

La réinvention de Diana

Diana donne naissance à William le 21 juin 1982 ; le 15 septembre 1984, Harry voit le jour. Le tacite contrat dynastique est honoré. La jeune femme offre à la monarchie deux garçons qui incarnent son avenir. Et tout le monde se réjouit : le peuple, qui a manifesté sa joie lors de chacune de ces deux naissances, Elizabeth et Philip, assurés d'une succession, et enfin les parents eux-mêmes. Charles va essayer d'être un père plus aimable que ne le fut le sien. Et il tente d'agir en mari aimant.

La princesse trouve un nouvel équilibre, même s'il est encore instable, grâce à ses deux enfants, avec lesquels elle se montre tendre et attentionnée. Son attitude à leur égard adoucit son aversion obsessionnelle envers la cour. Elle pense enfin à autre chose. Petit à petit, son amour maternel l'arrache à sa longue dépression et lui permet de lutter avec plus de succès contre sa boulimie. Ses fils lui donnent aussi l'occasion de revendiquer une part d'autonomie. C'est elle qui choisit leurs prénoms, différents de ceux suggérés par la famille royale, leur petite école, leurs nounous, qui ne sont pas celles de Buckingham. Enfin, aussi souvent que possible, elle organise ses activités publiques de façon à ne pas affecter sa vie avec ses enfants.

« Les ridés »

Mais Diana n'a pas changé d'attitude à l'égard de Charles, de ses amis, qu'elle appelle « les ridés » pour n'être pas aussi jeunes qu'elle, de la cour et de la famille royale en général. Adulée par la foule, négligée par son mari, elle entreprend un long travail sur elle-même et se forge avec le temps, ainsi qu'une forte dose d'introspection, l'identité qui lui convient. Elle se voit en femme libre, utile, tournée vers les autres. Diana qui ne s'est jamais sentie à l'aise, ni avec ses parents, ni à la cour, ni avec son mari, commence par le début : elle fait la paix avec elle-même. Elle n'a pas fréquenté l'université, mais elle est intelligente, curieuse et apprend vite. Surtout, elle possède aussi un trésor, « l'intelligence du cœur ». Viendront ainsi – ou plus précisément reviendront – une générosité naturelle et le souci des plus faibles et des plus fragiles. Jeune fille, elle aimait la compagnie des enfants. Jeune femme, elle visite les hôpitaux pédiatriques, prend dans ses bras des victimes du sida, s'assoit sur les lits de malades et leur tient la main. Plus tard encore, elle adoptera une autre juste cause, la recherche et la destruction des mines antipersonnel.

La princesse des enfants

Nicholas Davies ouvre le premier chapitre de sa biographie de Diana par quelques exemples très émouvants de l'action de la princesse auprès d'enfants malades. Il évoque notamment une petite fille prénommée Emma souffrant d'un trouble chromosomique rarissime, le syndrome de Turner, qui affecte son cœur et ses reins. La fillette passe de longs séjours à l'hôpital pédiatrique de Great Ormond Street dont Diana est la marraine. Cette dernière apprend l'existence d'Emma quand l'hôpital lui demande si elle peut lui remettre le prix que l'établissement décerne chaque année à l'enfant qui s'est montré le plus courageux face à la maladie.

« Diana a été ma source de courage »

Cette année-là, 1991, Emma reçoit ce prix et il lui est remis par Diana le jour de ses dix ans. Quand elle rencontre Emma pour la première fois, la princesse est bouleversée par le regard et le courage de l'enfant. Elle entretiendra avec elle une correspondance suivie. « Diana m'a dit qu'elle était mon amie, raconte Emma, que cite Davies. Elle est merveilleuse, elle vient s'asseoir sur mon lit et nous bavardons. Je lui dois tant. Elle a été ma source de courage. Lorsque je désespérais, l'idée qu'elle existait, qu'elle pensait à moi, me redonnait de la force et m'aidait à traverser les moments les plus difficiles. »

Bien d'autres enfants ont connu la même expérience avec cette jolie princesse qui a toujours su leur parler et éprouver à leur égard compréhension et empathie. Ces visites se font discrètement, sans photographes, sauf quand il faut lever de l'argent pour un hôpital. Les Britanniques apprennent petit à petit cette constance de Diana envers les enfants malades, les victimes du sida. Aux yeux du public, la princesse n'est plus seulement la jolie jeune femme élégante au sourire éclatant, mais une personne généreuse tournée vers les plus faibles et les plus fragiles, qu'elle traite avec une amicale simplicité.

« Une meilleure reine que la reine »

Diana trouve sa voie, donc, celle de l'empathie et de la compassion, et tant pis si certains à la cour trouvent dérangeant ce penchant pour les malades du sida. Dans un article publié par l'édition britannique du magazine *Vanity Fair*[1], Anthony Holden cite un ancien directeur du

1. « Diana's Revenge », *Vanity Fair*, février 1993.

Times de Londres, lord William Rees-Mogg, selon lequel Diana « possède une compréhension intuitive de la nature humaine ». Il voit chez la princesse « un nez qui exprime une volonté puissante, un regard qui s'impose, un visage comme celui de Margaret Thatcher, non en joliesse, mais en autorité ». Il juge son caractère plus ferme que celui de Charles « dont la vie a été gravement affectée par ce type de parents qui ne voient pas combien ils peuvent effrayer les très jeunes enfants ». Holden cite un autre commentateur qui connaît bien Charles et Diana mais garde l'anonymat pour avoir choisi le « camp » de cette dernière en déclarant qu'elle est « très subtile, saisit intuitivement les problèmes des gens et sait comment leur répondre – bien mieux que ne le feraient les autres membres de la famille royale ». Et d'ajouter ce « blasphème » définitif : « Elle serait une meilleure reine que la reine. »

La guerre des Galles

En 1985, un an après la naissance du prince Harry, le deuxième enfant du couple, tout bascule. Diana soupçonne, avec raison, Charles et Camilla d'être à nouveau amants. À force de demander des conseils à sa « vieille amie », cela devait sans doute arriver. Charles, à l'époque, ne supporte plus sa ravissante épouse.

De son côté, Diana comprend soudain, un jour de 1986, qu'elle n'est plus amoureuse de son mari. Elle n'a aucune envie de continuer à vivre avec lui. Quelque temps plus tard, elle prend pour amant James Hewitt, un cavalier de l'armée qui est aussi son professeur d'équitation.

Le mariage princier chavire

Durant l'été 1986, le couple entame sa cinquième année de mariage en présentant une image publique désolante – têtes des mauvais jours, airs de chien battu – en phase avec leurs situations privées : deux vies parallèles, sauf les quelques exceptions à la règle qu'impliquent les voyages officiels ou les commémorations importantes. « Chacun son petit-déjeuner, chacun son programme du jour, chacun ses amis », écrit ainsi Andrew Morton, qui suit depuis des années la famille royale pour le *Daily Mail*.

À qui la faute ? À Charles, pour avoir été trop distant, brusque, guindé, coincé, pas assez amoureux, sans empathie ni indulgence pour les changements d'humeur de sa femme, incapable de la rassurer et de l'encourager, pour ses lubies, sa conception du devoir avant les sentiments, pour juger vexants les succès publics de la princesse ? Ou à Diana, malade de ne pas s'aimer, comme tous les dépressifs, pour passer sans transition du désespoir à la rage, des larmes aux cris, pour avoir opté pour l'ennui plutôt que l'action, pour avoir été trop longtemps égocentrique, perturbée et un peu sotte ?

Diana sort de sa tranchée

Ces blâmes réciproques vont conduire à l'effondrement du mariage alors que la reine, inflexible et dévote, refuse toute idée de divorce. Pourtant, ce serait la solution idéale pour ce couple dont la vie s'apparente à un enfer. Diana veut montrer au public l'ampleur de sa solitude en se faisant photographier seule devant le Taj Mahal, monument indien édifié pour célébrer l'amour d'un empereur moghol pour sa femme disparue. La princesse voudrait reprendre sa liberté, mais refuse d'abandonner ses enfants. Charles ne souhaite pas les abandonner non plus – et la dynastie des Windsor, dont ces garçons représentent l'avenir, moins encore –, mais lui aussi aspire à la liberté. D'une manière ou d'une autre, il aimerait voir Diana sortir de sa vie.

Que faire ? Quitter la tranchée, partir à l'assaut ? C'est le choix de Diana. Charles, plus hypocrite, peut-être, ou moins belliqueux, mettra du temps à riposter. Nous entrons dans ce qui fut appelé *« the War of the Waleses »*, « la guerre des Galles ».

Sa véritable histoire

Secrètement, Diana s'arrange avec le journaliste Andrew Morton pour dire tout ce qu'elle a sur le cœur concernant Charles et les siens. Elle va aussi raconter sa boulimie, ses malaises, ses tentatives de suicide, ses pleurs, ses malheurs. Et bien sûr, ni la cour, ni le prince de Galles n'ont le beau rôle dans cette affaire. La première édition du livre *Diana: Her True Story* est publiée en mai 1992. Il s'agit d'une bombe éditoriale qui éclate sous les pieds de la monarchie. Cet acte d'accusation ressemble à un procès public qui cloue au pilori la dynastie Windsor en général, et le prince de Galles en particulier, sans oublier Camilla, que Charles surnommait « Gladys », et Diana « le Rottweiler ».

Ce livre provoque un certain effroi dans la société britannique dont les certitudes à l'égard de la monarchie se trouvent ébranlées, quand elles ne s'effondrent pas. Diana a ouvert une brèche dans les murailles de la forteresse Windsor. Personne avant elle n'avait dévoilé avec autant d'acuité, de précision et de hargne les petits et les grands secrets de la famille royale, ses bisbilles, sa froideur, sa dureté, son silence. Face à ce long réquisitoire, Buckingham, comme à son habitude, se tait. Ni la reine, ni le prince Philip n'ont jamais donné d'interviews, jamais non plus organisé une seule conférence de presse. Ils ne parlent même pas aux journalistes qui les suivent fidèlement depuis des années. *« Never complain, never explain*[1] *»* leur fait office de maxime. Il faut attendre Noël pour écouter la reine souhaiter de bonnes fêtes à ses sujets, dans un court message convenu et saupoudré d'une pincée de religiosité. Ce silence, jadis, offrait une image de calme et de dignité. Après le bouquin de Morton, il devient le signe d'une distance de la monarchie à l'égard de ses sujets. Mais, dans sa bulle, le couple royal ne perçoit pas la réalité de

1. « Ne jamais se plaindre, ne jamais expliquer. »

ce retournement de l'opinion publique tout simplement outrée et choquée. Diana se voit traitée comme une pestiférée. Personne à la Cour ne lui adresse plus la parole et la reine, en guise d'avertissement, montre qu'elle a choisi son camp, celui de son fils, en invitant Camilla à un match de polo à Windsor.

Squidgygate

En août 1992, l'enregistrement d'une conversation de Diana avec un ami que l'on peut qualifier d'intime, James Gilbey, un joli garçon héritier d'une fortune de distillateurs de gin, se retrouve publié dans la presse. Cette conversation remonte au soir du 31 décembre 1989. Diana séjourne alors à Sandringham et Gilbey, qui l'appelle « *darling* » (« ma chérie »), lui demande comment s'est passé son déjeuner :

« J'étais très mal à ce déjeuner, j'ai failli pleurer.

Je me disais, nom d'un chien, tout ce que j'ai dû faire pour cette putain de famille[1]. »

Et la conversation de se poursuivre gentiment pendant une vingtaine de minutes. Les deux jeunes gens évoquent des amis communs et la vieille paire de mocassins Gucci de Gilbey, lequel précise à Diana qu'il ne s'est pas masturbé depuis quarante-huit heures. Il appelle son interlocutrice cinquante-trois fois « *darling* » et quatorze fois « Squidgy[2] ». Le titre des journaux du lendemain est vite trouvé : « Squidgygate » !

Charlie Tampax

En novembre 1992, la riposte arrive sous la forme d'une publication de conversations téléphoniques intimes de

1. En VO : « *I was very bad at lunch and I nearly started blubbing, I thought: "Bloody hell, the things I have done for this fucking family."* »
2. *Squid*, en anglais, désigne un calamar.

Charles et Camilla. On l'appellera le « Camillagate » avec, comme point d'orgue, Charles lançant à sa maîtresse qu'il aimerait se trouver « à la place de son Tampax ». Le prince de Galles gagne ainsi un nouveau surnom dans les salles de rédaction, les pubs anglais et jusque dans les couloirs de Buckingham, mais là, à voix basse : « Charlie Tampax ».

La séparation

Cette situation fort embarrassante ne peut plus durer. Le 9 décembre 1992, le Palais annonce la séparation du couple, mais non son divorce, toujours impensable pour l'institution. Charles et Diana peuvent vivre séparément, elle avec ses enfants dans le palais de Kensington, lui s'installant dans celui de Saint James, quand il ne se trouve pas dans sa propriété de Highgrove où Camilla, qui est divorcée d'Andrew Parker Bowles en décembre 1994, joue la maîtresse de maison. Le prince et la princesse sont néanmoins priés de faire comme si de rien n'était, de continuer à effectuer les voyages officiels ensemble. La Cour espère ainsi désamorcer la guerre des Galles. Diana reste dans la famille, personne n'oubliant qu'elle a engendré deux garçons dont William, second, après Charles, dans l'ordre de la succession. Tout semble donc aller pour le mieux dans le moins pire des mondes. La dynastie est sauve, les apparences aussi. Mais cette séparation se révèle une illusion.

« *Annus horribilis* »

Diana veut divorcer. Elle admet que la garde de ses enfants peut être partagée et que la Cour aura son mot à dire pour l'éducation d'un futur roi et de son frère, mais pas question de les lâcher. « Si j'avais la possibilité d'écrire mon propre scénario, déclare-t-elle dans le *verbatim* de Morton, donc avant l'annonce de la séparation, je dirais que j'aimerais que mon mari parte, qu'il rejoigne la dame de son cœur, qu'il règle son problème, et me laisse porter le nom de Galles avec les enfants jusqu'à l'accession de William sur le trône. » Sans doute Diana espère-t-elle que Charles, dont la situation se trouve fragilisée par la décomposition du couple, renonce à succéder à sa mère et laisse la place à la jeunesse que personnifie alors son fils aîné. Cette hypothèse, ou ce désir, est partagé par une bonne partie de l'opinion et de la presse tabloïd qui, tout au long de cette année 1992 qu'Elizabeth qualifiera d'« *annus horribilis* », ont pris le parti de la princesse. Elle pense aussi, sans doute, que la reine, bousculée par ces querelles de famille, le côté dissimulateur de Charles, le statut de pop star de sa belle-fille, voudra sauver l'institution monarchique en danger d'agonie en s'effaçant avec grâce au profit de William. Diana se voit déjà en reine mère glamour d'un roi juvénile, William V, sur le trône, et son ex-mari dans les oubliettes de l'histoire, cultivant ses jardins en compagnie du Rottweiler. Mais l'avenir, que Diana ne connaîtra pas, prouve qu'elle se trompait. La reine va très certainement rester sur le trône jusqu'à sa mort, et Charles, s'il est encore vivant, lui succédera. William attendra patiemment car il est plus légitimiste encore que son père, et sans son côté un tantinet rebelle.

« Irrémédiablement condamné »

Le prince de Galles sent le besoin de défendre sa cause. En juin 1994, il sort un documentaire, *Charles, the Private Man, the Public Role*, tourné pendant plusieurs mois par Jonathan Dimbleby, qui montre notamment Charles attentif à ses deux garçons dans les splendides paysages qui cernent Balmoral. Il ne veut pas parler encore de divorce – « il s'agit d'une affaire privée entre ma femme et moi-même » – et affirme avoir été fidèle à son épouse jusqu'au jour où il a compris que leur mariage était « irrémédiablement condamné[1] ».

Une tragédie grecque

Fin octobre 1995, alors que Charles se rend à une soirée élégante, Camilla à son bras, avec tous les trentenaires de l'aristocratie anglaise pour témoins, Diana, entourée de quelques avocats au palais de Kensington, travaille afin de définir les termes d'un éventuel divorce. Comme tout se sait, la princesse est convoquée à Buckingham. Selon une source anonyme que cite Tina Brown dans son livre *The Diana Chronicles*[2], un échange cinglant oppose le duc d'Édimbourg à la princesse :

---

1. En VO : « ... *only after the marriage "had irretrievably broken down"* ».
2. New York, Broadway Books, 2008.

« Faites attention, ma fille, sinon, on va vous retirer votre titre.

— Mon titre, rétorque-t-elle, est bien plus ancien que le vôtre, Philip. »

En novembre de la même année sort une biographie de Charles, *The Prince of Wales*, écrite par le même Dimbleby avec la collaboration du principal intéressé. L'objectif est de répondre au livre de Morton en offrant le récit d'un mariage brisé du point de vue de Charles qui se dit autant victime que Diana. « Très souvent, j'ai l'impression de me trouver dans une sorte de cage, marchant de long en large et cherchant à me libérer. Quelle horreur que l'incompatibilité, et combien destructive elle peut être pour les acteurs d'un tel drame qui a tous les ingrédients d'une tragédie grecque. »

« Nous étions trois dans ce mariage... »

Presque simultanément sort un autre livre, *Princess in Love*, par Anna Pasternak[1]. Elle y raconte la liaison de Diana avec le capitaine James Hewitt, relation que confirmera la princesse elle-même lors d'une interview dans le cadre de l'émission « Panorama », sur la BBC, un an plus tard, en novembre 1995, précisant qu'elle « adorait » cet homme. Par ailleurs, et sans mentionner le nom de Camilla, elle déclare : « Nous étions trois dans ce mariage, c'était un peu encombré[2]. » Puis vient l'estocade, une tirade de lèse-majesté à l'encontre de Charles mettant en doute sa capacité à régner. « Parce que je connais sa personnalité, dit-elle, je pense qu'être roi l'exposerait à d'énormes contraintes, et je ne sais pas s'il pourrait s'y adapter. » Elle a sans aucun doute toujours en tête un meilleur candidat au trône d'Angleterre, son fils William.

---

1. Londres, Signet, 1995.
2. En VO : « *Well, there were three of us in this marriage, so it was a bit crowded.* »

Le divorce

Finalement, la reine, non seulement se résout à l'option du divorce, mais veut régler l'affaire sans attendre. Elle consulte son conseil, le Premier Ministre, l'archevêque de Canterbury, et Charles aussi, bien sûr. Avec Diana, l'entretien ne prendra pas plus d'une demi-heure, mais l'accord a déjà été longuement négocié par les avocats. Diana renonce à son prédicat d'altesse royale – à la demande d'Elizabeth, qui s'attendait à plus de résistance[1] –, mais reste princesse de Galles et, en tant que mère du futur roi, continue d'appartenir à la famille royale. Elle va recevoir 17 millions de livres et une rente annuelle de 400 000 livres, l'usufruit du palais de Kensington, la propriété des bijoux qui lui ont été offerts, mais l'interdiction de les vendre. William et Harry continueront à partager leur temps entre leur père et leur mère. Le divorce est officiellement prononcé le 28 août 1996.

1. William aurait dit à sa mère : « Ne t'inquiète pas, maman, quand je serai roi, je te nommerai à nouveau altesse royale. »

Mister Wonderful

Le divorce a profondément changé Diana, prétend Tina Brown dans son livre *The Diana Chronicles*. Elle décrit la princesse comme « l'icône de la blondeur » dotée d'une longue paire de jolies jambes. Hier sous protection rapprochée, la princesse est devenue une célébrité mondiale qui, tel un électron libre, évoluerait au hasard, sans but ni direction. Tina Brown voit la preuve de cette dérive dans la liaison fortuite que la princesse noue avec un riche playboy, Dodi Al-Fayed, fils de Mohamed Al-Fayed, patron du grand magasin londonien Harrod's, choisi au petit bonheur pour combler un été qui s'annonçait vide. Mais si changement il y a, il vient davantage du désarroi de Diana face à la fin d'une relation stable et amoureuse nouée deux ans plus tôt avec un chirurgien pakistanais, le Dr Hasnat Khan, alias « Mister Wonderful » – un homme merveilleux – selon l'expression de la princesse pour désigner son amant.

Cette relation a commencé à la fin de l'été 1995, avant le divorce, donc, mais bien après la séparation d'avec Charles. La princesse était allée au Royal Brompton Hospital, où officiait Khan, rendre visite à Joseph Toffolo, le mari d'une amie, qui venait d'être opéré à cœur ouvert.

C'est ainsi qu'elle rencontre ce chirurgien, alors âgé de trente-sept ans. Elle cultive avec lui une relation amoureuse d'une grande discrétion, prouvant qu'il est possible, quand on le veut, de tromper l'attention des paparazzis.

Une curiosité pour le monde musulman

Depuis au moins cinq ans, Diana s'intéresse à l'islam et aux sociétés orientales. Cette curiosité a-t-elle pour origine l'influence de son mari, Charles, connu pour être fasciné et respectueux de l'islam ? Découle-t-elle du besoin d'en savoir plus sur le monde arabe alors qu'elle s'inquiète pour son amant, James Hewitt, sur le front de la première guerre du Golfe, dans les rangs de la coalition occidentale menée par les États-Unis pour déloger du Koweït le tyran irakien Saddam Hussein ? Diana a aussi beaucoup fréquenté un marchand d'art islamique, Oliver Hoare, qui l'a sans doute encouragée dans cette voie d'une meilleure connaissance du monde musulman. Toujours est-il qu'à sa demande, un jour de septembre 1990, elle rencontre un célèbre historien, le professeur Akbar Ahmed, qui dirige la faculté d'études orientales à l'université de Cambridge. Il tente de rétablir ce qu'il considère comme une vérité historique : un monde musulman respectueux des femmes, qui valorise le mariage et la famille, fondement même de la société.

Cette histoire est racontée par Kate Snell dans son livre *Le Dernier Amour de Diana*[1]. L'auteur insiste sur le fait que la vie de Diana a été dominée par une quête, la plupart du temps malheureuse, de l'amour. Dans cette curiosité nouvelle pour le monde musulman, la princesse est aussi fascinée par l'importance de la famille, laquelle est élargie, rassemblant souvent sous le même toit trois générations

---

1. L'Archipel, 2007, traduit de l'anglais par Caroline Sers et Joseph Antoine, pour l'édition française. *Diana, Her Last Love,* Londres, Granada Media Group, 2000, pour la première édition anglaise.

cohabitant ensemble. Frustrée depuis l'enfance et le divorce de ses parents d'une vraie famille fonctionnelle, et plus que désabusée par celle qui occupe le palais de Buckingham, Diana voit dans le foyer familial du monde arabe un modèle réconfortant, les anciens et les enfants ensemble, et les unions éventuelles longuement et sagement discutées dans le cadre d'un vaste conseil de famille.

« *Mon Dieu, qu'ils sont séduisants !* »

C'est dans cet état d'esprit qu'elle se rend l'année suivante au Pakistan, à l'invitation du président du pays, Ghulam Ishaq Kahn, pour une visite d'État de cinq jours qui représente pour elle un défi car elle voyage seule, à savoir sans Charles. Évidemment, Diana craint de faire un faux pas. Elle a pour accompagnatrice officielle une personne remarquable, Syeda Abida Hussain, connue pour « s'être battue toute sa vie contre l'oppression subie par son sexe dans une société islamique et machiste ». Cette femme aimable remarque que « Diana était fascinée par l'image de l'homme pakistanais, du musulman fort et viril (...). Elle ne pouvait s'empêcher de les trouver tous irrésistibles. "Mon Dieu, qu'ils sont séduisants !" s'écriait-elle ». Diana, ajoute Mme Hussain, « avait l'âge mental de la collection Harlequin[1] ».

« *Il est vraiment craquant* »

La première fois qu'elle rencontre le docteur Hasnat Khan, nous dit Kate Snell, il est préoccupé par l'état du malade qui vient d'être opéré. Khan entre dans la salle d'attente où

1. Harlequin Enterprises est une maison d'édition fondée en 1949 à Toronto au Canada et spécialisée dans les romans d'amour. Publiés dans plus de 110 pays et en 31 langues, les romans Harlequin se sont implantés en France en 1978.

se trouvent Diana et son amie, Oonagh Toffolo, épouse de Joseph. Celle-ci présente le chirurgien pakistanais à Diana, l'homme adresse un bref signe de tête à la princesse. Il se tourne ensuite vers Oonagh pour lui annoncer que son mari a fait une hémorragie et lui demander la permission de le reconduire au bloc, ce qu'elle accepte, bien évidemment. Hasnat Khan repart en faisant un nouveau signe de tête à Diana. Jamais sans doute la princesse n'avait rencontré un homme semblant à ce point indifférent à sa présence. Plus tard, elle dira à son amie qu'elle avait trouvé cet homme « vraiment craquant ».

Pourquoi ? Mystère. Kahn a alors trente-six ans. Corpulent, grand fumeur, il travaille beaucoup et se nourrit mal. Il n'a rien d'un play-boy, moins encore d'un aristocrate aux bonnes manières, mais voilà, Diana a le coup de foudre pour cet homme réservé doté de belles mains, d'une épaisse moustache et d'un regard intense. La princesse étant très discrète, aucun détail ne filtrera sur le début de cette idylle. Durant la convalescence de Joseph, Hasnat et Diana se croisent régulièrement à l'hôpital. Un jour, elle invite le médecin à dîner chez elle, à Kensington Palace, sous prétexte d'en savoir plus sur la chirurgie cardiaque. Elle commence ensuite à se rendre régulièrement chez lui. Hasnat habite un petit deux-pièces à Chelsea, un appartement de célibataire studieux équipé d'un frigo vide et rempli de livres, de papiers éparpillés, et de CD de jazz. À chacune de ses visites, Diana porte une perruque brune, de larges lunettes de soleil, et conduit sa voiture en s'assurant qu'elle n'est pas suivie par des photographes. Une fois chez Hasnat, elle ne peut s'empêcher de faire un peu de ménage et de rangement. Un soir, nous raconte encore Kate Snell, Hasnat invite Diana à l'accompagner dans son club de jazz favori, Ronnie Scott's, à Soho, et quand la princesse réalise qu'il faut faire la queue dans la rue pour acheter les tickets, elle est tellement excitée par cette nouvelle expérience qu'elle appelle une amie. « Je fais la queue ! C'est formidable ! »

La princesse Elizabeth d'York (future reine Elizabeth II) avec le prince Charles, son premier enfant, le jour de son baptême en décembre 1948.

(ph. mirrorpix/Mirrorpix/Mirrorpix via Getty Images)

Le roi George VI et son épouse Elizabeth arrivent au château de Balmoral, en Écosse, avec leurs petits-enfants, le prince Charles et la princesse Anne.

(ph. Keystone-France/Gamma-Rapho via Getty Images)

Elizabeth II et ses enfants assistent aux Braemar Highland Games, en Écosse, le 9 septembre 1957.

(ph. Paul Popper/Popperfoto via Getty Images/Getty Images)

Le duc d'Édimbourg (à la barre) et son fils, le prince Charles, en pleine régate sur le Dragon Bluebottle, le 6 août 1957.

(ph. Bentley Archive/Popperfoto via Getty Images/Getty Images)

Charles, à 10 ans, lors de la rentrée des classes à Newbury, le 19 janvier 1959.
(ph. Keystone-France/Gamma-Rapho via Getty Images)

De retour d'un voyage en Écosse avec ses parents, le 25 septembre 1961.
(ph. NCJ - Topix/Mirrorpix/Mirrorpix via Getty Images)

Accompagné par son père qui y a lui-même été élève, Charles arrive à la Gordonstoun School, en Écosse, en 1967. Il y fut très malheureux.

(ph. NCJ Archive/Mirrorpix/Mirrorpix via Getty Images)

Le prince Charles de Galles en 1965.

(ph. REPORTERS ASSOCIES/ Gamma-Rapho via Getty Images)

Lors d'un match de polo dans le grand parc de Windsor, avec la reine et le prince Edward, le 1er mai 1971.

(ph. Reg Burkett/Daily Express/Getty Images)

Charles, dans le feu de l'action. La famille royale compte plusieurs champions d'équitation.

(ph. Ray Bellisario/Popperfoto via Getty Images/Getty Images)

Aux Braemar Games en Écosse, en compagnie de la souriante reine-mère, le 2 septembre 1978.

(ph. Tim Graham Photo Library via Getty Images)

Arrivée en Aston Martin à Windsor pour un match de polo, le 1er juin 1975.

(ph. Anwar Hussein/Getty Images)

Le 9 novembre 1978, à Canterbury, le prince Charles passe en revue le régiment du Cheshire, dont il est le colonel en chef.

(ph. Tim Graham Photo Library via Getty Images)

Le prince Charles et Camilla Parker-Bowles avec une amie, en octobre 1979.

(ph. Tim Graham Photo Library via Getty Images)

Le 27 mars 1981, à Buckingham Palace, la reine donne son consentement officiel au mariage de Charles avec Lady Diana Spencer.

(ph. Central Press/Getty Images)

Diana et Charles à Melbourne en 1985, lors de leur voyage en Australie.

(ph. Pool Photograph/Corbis/Corbis via Getty Images)

En novembre 1992, Charles et Diana effectuent leur dernier voyage officiel ensemble, en Corée du Sud.

(ph. Tim Graham Photo Library via Getty Images)

Le 16 septembre 1995, Charles, Diana et Harry accompagnent William pour son premier jour au collège d'Eton.

(ph. Anwar Hussein/WireImage)

Charles et ses fils contemplent les fleurs déposées devant le palais de Kensington en hommage à la princesse Diana, décédée à Paris le 31 août 1997.

(ph. Anwar Hussein/WireImage)

Avec ses fils pendant un séjour à Madrisa, en Suisse, en avril 2000.

(ph. Ken Goff/The LIFE Images Collection via Getty Images/Getty Images)

Le 29 avril 1999, Charles s'entretient avec l'architecte et urbaniste Leon Krier (à gauche) et l'ingénieur Andrew Hamilton, dans « sa » ville de Poundbury, au pays de Galles. Il a souhaité qu'elle soit bâtie exclusivement selon des techniques traditionnelles.

(ph. Tim Graham Photo Library via Getty Images)

Le 12 juillet 1996, le prince de Galles accompagne le président sud-africain Nelson Mandela durant sa visite de Brixton.

(ph. Anwar Hussein/WireImage)

Le 11 septembre 2009, à Exeter, le prince Charles fait une intervention pendant la conférence sur le changement climatique.

(ph. Billy Griffiths-WPA Pool/Getty Images)

Le prince Charles rencontre les élèves de l'école-pilote Hotwell à Bristol, le 12 décembre 2005. Les repas de la cantine y sont cuisinés avec les légumes et les fruits du potager biologique, entretenu par les élèves.

(ph. Pool - Anwar Hussein Collection/Getty Images)

Moment de détente avec Camilla Parker-Bowles aux Mey Games (dont le prince est le président honoraire) à Caithness en Écosse, le 7 août 2004.

(ph. Christopher Furlong/Getty Images)

Le 3 novembre 2006, le prince de Galles et la désormais duchesse de Cornouailles en visite au Pakistan dans le village écologique de Nansoq.

(ph. Mark Cuthbert/UK Press via Getty Images)

Le 31 janvier 2008, le prince Charles soutient les fermiers et les artisans britanniques en visitant la Warriner School à Bloxham, ferme écologique et centre de formation à l'artisanat, dont il souhaite favoriser le renouveau.

(ph. Tim Graham Photo Library via Getty Images)

Avec les élèves de l'atelier d'ébénisterie.

(ph. Tim Graham Photo Library via Getty Images)

Avec le Premier ministre Boris Johnson, le 15 août 2020. Bien que sa fonction ne l'y autorise pas, le prince Charles n'hésite pas à conseiller les membres du gouvernement quand un sujet lui tient à cœur.

(ph. Anthony Devlin/Getty Images/WPA Pool)

Le 21 avril 2019, la famille royale réunie sur le balcon de Buckingham Palace, lors de la parade appelée *Trooping the colour*.
On y distingue les trois héritiers dans l'ordre de succession au trône : le prince de Galles, son fils William, duc de Cambridge, et son petit-fils, le prince George de Cambridge.

(ph. Max Mumby/Indigo/Getty Images)

Discours de la reine, lors de la cérémonie d'ouverture de la session du Parlement au palais de Westminster, le 14 octobre 2019.

(ph. Paul Edwards - WPA Pool/Getty Images)

Lors des cérémonies de Noël au château de Windsor, le 8 décembre 2020, la reine, Charles et Camilla attendent les volontaires qui ont lutté contre l'épidémie de coronavirus, afin de les remercier.

(ph. Glyn Kirk - WPA Pool/Getty Images)

Diana, cependant, se montre très discrète. Non seulement son staff, mais aussi ses amis les plus proches ignorent longtemps cette nouvelle relation. Diana n'en dit rien car elle la prend très au sérieux et veut aussi protéger son amant de la curiosité des journalistes. Elle l'admire, le considère comme un génie de la chirurgie cardiaque dont elle a appris, grâce à lui et à la lecture de livres, à connaître les techniques. Elle s'intéresse aussi à sa famille, une grande tribu musulmane vivant dans une vaste maison entourée d'un jardin et remplie de vieillards, d'adultes et de jeunes enfants, à Lahore, au Pakistan, dans le quartier chic de Model Town.

Une visite familiale à Lahore

En 1996, peu de temps après le divorce de Diana et Charles, Hasnat Khan invite secrètement la princesse à rendre visite à sa famille, au Pakistan. Dans une interview au *Daily Telegraph* publiée le 13 janvier 2008, le médecin raconte que, pour l'occasion, elle portait la tenue traditionnelle du *shalvar kameez* par respect pour la foi musulmane de ses hôtes. « Elle était très heureuse d'être venue. Elle a apprécié de prendre le thé avec ma famille durant l'après-midi. » Khan décrit Diana comme « une femme normale, chaleureuse et généreuse qui, par ailleurs, était princesse ». Évoquant son travail humanitaire, Hasnat Khan affirme qu'elle avait fait « de grandes choses, pas seulement pour le Royaume-Uni, mais pour le monde ».

Les deux amants évoquent un mariage, mais Hasnat hésite. Il craint la célébrité et souhaite rester chirurgien. Un mariage avec Diana lui semble compliqué. On ne sait si, à Lahore, sa famille approuve ou non cette union d'un musulman avec une princesse anglicane. Diana patiente, anxieuse. Finalement, sans que l'on sache exactement qui a quitté l'autre, le couple se sépare au début de l'été 1997. Diana, rapportent ses amies, en sort « dévastée ».

Lot de consolation ?

Dans ce contexte, l'aventure de Diana avec Dodi prend une signification plus triviale, un aimable lot de consolation dans un moment de désarroi. Un été en sécurité à bord d'un yacht en Méditerranée, peut-être aussi l'envie de rendre le Dr Khan jaloux. C'est la thèse que défend Kate Snell.

Mais ces spéculations n'ont plus aucun intérêt au petit matin du 31 août 1997, quand la Mercedes dans laquelle se trouvait Diana, Dodi, Trevor Rees-Jones, l'officier de sécurité de la princesse, et qui était conduite par un chauffeur nommé Henri Paul, heurte à grande vitesse le treizième pilier central du tunnel situé sous le pont de l'Alma, à Paris. Dodi et le chauffeur meurent sur le coup, Rees-Jones, assis à côté de ce dernier, blessé, garde la vie sauve grâce à sa ceinture de sécurité et à l'airbag. À l'arrière, Diana, encore en vie, mais grièvement atteinte, est extraite de l'épave et réanimée à quatre reprises après des arrêts cardiaques successifs durant son transport en ambulance à l'hôpital de la Pitié-Salpêtrière. Elle y décède à 4 h 05. L'hôpital informe le ministre de l'Intérieur de l'époque, Jean-Pierre Chevènement, qui ignorait, de même que le gouvernement français, la présence de Diana en France. Et le ministre apprend aussitôt la nouvelle à l'ambassadeur britannique, Michael Jay, qui ne savait pas, lui non plus, que la princesse était à Paris. À son tour, l'ambassadeur prévient son gouvernement, et Balmoral, où se trouvent la reine, Philip, Charles et ses deux garçons, William et Harry.

La Princesse du peuple

L'annonce de la mort de la princesse par la BBC, dans la nuit, provoque un émoi considérable. Dans un silence extraordinaire, la foule se presse devant les palais de Kensington et de Buckingham, dépose des fleurs, des dessins, des messages, des bougies, des animaux en peluche, des photographies. Ces manifestations spontanées vont durer plusieurs mois, créant une accumulation incroyable et très émouvante de mots et d'objets exprimant le chagrin d'une nation.

Dès le décès connu, Charles prépare son départ pour Paris via Londres. Les sœurs de Diana, Sarah et Jane, qui vont reconnaître le corps, l'accompagnent. Avant de quitter Balmoral, il attend que ses deux fils se réveillent, s'enferme avec eux et leur annonce la mort de leur mère. William a quinze ans, Harry douze ans. Il est décidé que la reine restera à Balmoral avec ses petits-enfants sous le choc de cette terrible nouvelle. Charles, Sarah et Jane rentrent à Londres dans la nuit à bord d'un avion militaire avec le cercueil de Diana qui repose d'abord dans la chapelle du palais de Saint James, puis sera transféré au palais de Kensington. Charles reprend l'avion pour Balmoral afin de retrouver ses deux garçons au plus vite.

Le chagrin d'une nation

Au matin du 1er septembre, l'Angleterre pleure la princesse. Les présentateurs des journaux télévisés portent une cravate noire et tous les drapeaux sont en berne, sauf celui de Buckingham, le Royal Standard, l'étendard royal, qui remonte au temps de Victoria. D'ailleurs, aucun drapeau ne domine le palais puisque la reine ne s'y trouve pas. Et cet étendard n'est en berne qu'à une seule occasion, la mort du souverain. Restée à Balmoral, Elizabeth ne saisit pas immédiatement que la mort de Diana ne constitue pas seulement un déplorable accident qui traumatise ses deux petits-enfants, mais un drame national. Le Premier Ministre britannique, Tony Blair, comprend vite, lui, l'émotion de la population et réagit sans attendre en évoquant Diana comme « the People's Princess », « la Princesse du peuple », dans une déclaration à la presse restée mémorable : « Vous savez combien les choses ont été difficiles pour elle, de temps en temps, et je suis sûr que les gens, partout, pas seulement ici, en Grande-Bretagne, ont eu confiance en elle, l'ont appréciée, l'ont aimée, l'ont jugée l'une des leurs, elle était "The People's Princess", et cela restera ainsi, dans nos cœurs et dans nos mémoires, pour toujours. » Les tabloïds s'en prennent à la reine. « Le peuple souffre. Parlez-nous, Ma'am », titre le *Daily Mirror*.

Grâce en partie à la déclaration de Blair, la reine réalise qu'il est temps de rentrer à Londres, de sortir de son silence et de mettre en berne le drapeau de Buckingham, non pas le Royal Standard, mais l'Union Jack. Le 5 septembre, la veille des funérailles de la princesse, Elizabeth II, vêtue de noir, parle à son peuple en direct à la BBC, un moment rare. Depuis le début de son règne, elle ne s'est adressée directement à ses sujets que pour leur souhaiter chaque année un bon Noël, sauf une fois, à l'occasion de la première guerre du Golfe.

« Un être humain exceptionnel »

« Depuis la terrible nouvelle de dimanche, nous avons vu, à travers la Grande-Bretagne et partout dans le monde, la bouleversante expression de tristesse suscitée par la mort de Diana », déclare Elizabeth avant de justifier son long silence : « Nous avons tous tenté, chacun à notre manière, de gérer nos émotions. Il n'est pas facile d'exprimer ce sentiment de perte, alors qu'au choc initial succède souvent un mélange de déni, d'incompréhension, de colère et de souci pour ceux qui restent. Nous avons tous ressenti ces émotions au cours des derniers jours, et ce que je veux vous dire maintenant, en tant que votre reine et comme grand-mère, vient du cœur. D'abord je veux rendre personnellement hommage à Diana. Elle était un être humain exceptionnel et plein de talents. Dans les bons et les mauvais moments, elle ne perdit jamais sa capacité de sourire et de rire, ni d'inspirer les autres avec chaleur et gentillesse. Je l'ai admirée et respectée pour son énergie et son engagement à l'égard des autres, et en particulier pour sa dévotion envers ses deux garçons. »

« Une bougie dans le vent »

Le 6 septembre, à 9 heures du matin, le cortège funèbre, encadré par huit cavaliers de la garde galloise de la reine, quitte le palais de Kensington. Le cercueil recouvert du Royal Standard bordé d'hermine repose sur un chariot militaire et porte trois couronnes de fleurs, l'une de lord Spencer, frère de Diana, les deux autres de William et Harry, fils de la princesse défunte. Une lettre de Harry est également posée sur le cercueil dans une enveloppe adressée à sa mère, *« To Mummy »*. Le cortège passe devant Saint James, et c'est à ce moment que le duc d'Édimbourg, lord Spencer, Charles, William et Harry se placent derrière le cercueil. Philip, la veille, a conseillé à ses deux petits-fils de suivre avec lui le cortège. « Si vous ne le faites pas, vous le regretterez toute votre vie », leur dit-il. Ils marchent donc à la tête de cinq cents personnes choisies pour leurs liens d'amitié ou de parenté avec Diana, ou encore pour avoir travaillé avec elle dans l'une des nombreuses associations charitables qu'elle présidait. Le cortège arrive ensuite devant le palais de Buckingham, où la famille royale se tient. Elizabeth baisse la tête pour un dernier hommage à la princesse.

On estime que la foule compte un million de personnes, alignées le long du chemin allant de Kensington à Westminster, et lançant des fleurs sur le cercueil.

Dans l'abbaye de Westminster, la cérémonie religieuse commence à 11 heures. Deux mille invités sont présents. On y voit les anciens Premiers ministres James Callaghan, Edward Heath, John Major, Margaret Thatcher, ainsi que de nombreuses personnalités britanniques et étrangères, Hillary Clinton, Richard Branson, Henry Kissinger, Bernadette Chirac, Luciano Pavarotti, la reine Noor de Jordanie, Cliff Richard, les membres de familles royales d'Europe et du Japon, et Nelson Mandela. Au piano, Elton John chante « Candle in the Wind » (« Une bougie dans le vent »), une chanson dont les paroles ont été réécrites pour dire « au revoir à la Rose d'Angleterre » (« *Goodbye England's Rose...* »). Le Premier Ministre Tony Blair lit quelques lignes du chapitre 13 de la Première Épître aux Corinthiens qui souligne la primauté de l'amour sur la foi et l'espérance[1].

Pas besoin de titre royal

Cette cérémonie, qui réunit pop stars, comédiens, têtes couronnées et figures politiques du monde entier, aurait été

1. Dans cette traduction française du chapitre 13 de la Première Épître de saint Paul aux Corinthiens, on préfère parler de « charité » plutôt que d'« amour » : « Maintenant ces trois choses demeurent : la foi, l'espérance, la charité ; mais la plus grande des trois c'est la charité. » Mais c'était bien à l'amour, je crois, que pensait Tony Blair.

regardée par deux milliards et demi de téléspectateurs. Elle se termine par un hommage du comte Charles Spencer à sa sœur défunte, dont la noblesse de cœur « n'avait besoin d'aucun titre royal ». Ce texte se lit comme un éloge à Diana et un réquisitoire à l'encontre de la famille royale, notamment quand il affirme qu'il saura protéger William et Harry du sort dont a souffert Diana : « Diana, dit-il, était l'essence même de la compassion, du devoir, du style, de la beauté. Elle était, dans le monde entier, un exemple d'humanité et d'altruisme. Elle s'est battue à travers le monde pour le droit des plus faibles. Elle fut une véritable Anglaise et a transcendé les frontières, une personne dotée d'une noblesse naturelle qui a prouvé, au cours de l'année passée, qu'elle n'avait besoin d'aucun titre royal pour continuer à projeter sa singulière magie. » Puis, il ajoute : « Diana, en ton nom, nous ne les [William et Harry] laisserons pas subir les mêmes angoisses qui t'ont régulièrement plongée dans les larmes et le désespoir[1]. »

1. On peut lire en anglais le texte complet de cet éloge sur le site de la BBC : https://www.bbc.co.uk/news/special/politics97/diana/spencerfull.html.

Cinquième partie

L'APRÈS-DIANA

Les enfants d'abord…

Revoir les images du cortège funèbre de Diana permet de réaliser combien ses deux garçons étaient encore des enfants. William, qui a quinze ans, marche de façon mécanique, la tête baissée et les yeux dans le vague. Le petit Harry, douze ans, la tête penchée lui aussi, vêtu d'un costume un peu trop grand pour lui, semble refuser de regarder ce qui l'entoure, le cercueil, les cavaliers de la garde, la foule silencieuse, son frère, son oncle Charles Spencer, frère de Diana, son grand-père Philip, ou son père Charles qui, tout au long de ce chemin entre Kensington et l'abbaye de Westminster, observe d'un œil inquiet ses deux enfants murés dans leur chagrin.

Et lui, que pense-t-il ? On ne le sait pas. Jamais il n'a parlé de Diana en public depuis la mort de celle-ci. Sans doute ressent-il des sentiments mêlés, libération et nostalgie, regrets et soulagement. Le divorce, cependant, leur avait fait le plus grand bien. Diana et lui entretenaient une relation devenue assez amicale quand ils se rencontraient dans le cadre de la garde partagée des enfants. Maintenant, pour le prince, comme pour la reine, affection et attention à l'égard de ces deux garçons sont les priorités.

Coupés du monde à Balmoral

Le matin du 1er septembre, Charles annonce à ses fils la mort de Diana. « Rien n'est plus difficile pour un père que d'apprendre à ses enfants la mort de leur mère », dira, vingt ans plus tard, le prince William. Avec les sœurs de Diana, Sarah et Jane, le prince organise au téléphone un départ pour Paris afin de reconnaître et de rapporter le soir même le corps de la princesse sur le sol d'Angleterre. Ses fils veulent l'accompagner, mais Charles refuse, jugeant sage de ne pas les traumatiser davantage. Il les laisse, coupés du monde, dans ce refuge qu'est à ses yeux Balmoral, avec leurs grands-parents et leur *nanny*, Tiggy Legge-Bourke. Cette dernière, très proche des deux enfants, fut embauchée par Charles après sa séparation officielle d'avec Diana, en décembre 1992. La reine, elle aussi, préfère que ses petits-enfants restent avec elle. Elizabeth n'ouvre jamais la télévision en leur présence et s'assure qu'aucun journal ne traîne dans le château, afin de leur épargner les détails de cette dramatique actualité.

La présence de la reine à Balmoral est critiquée par la presse, impatiente de la voir à Buckingham partager le chagrin de ses sujets. L'une des sœurs de Diana, Jane Fellowes, donne cependant raison à la reine, déclarant qu'elle-même aurait fait la même chose à sa place. « Il me semble évident que rester au sein de leur famille a permis à ces deux garçons d'absorber le choc de la mort de leur mère de meilleure façon qu'ils ne l'auraient fait à Londres[1]. »

Être un meilleur père que le sien

La mort de Diana confère à Charles la responsabilité de l'éducation de ses deux garçons, depuis longtemps déjà perturbés par la séparation, puis le divorce de leurs parents,

---

1. *Daily Mirror*, 27 août 2017.

désormais traumatisés par le décès brutal et inattendu de leur mère. Charles s'applique à les aider à surmonter leur chagrin. Il veut être un meilleur père que le sien et reste très présent, autant qu'il le peut et que le calendrier scolaire le permet. Les vacances d'été se passent dans le manoir de Birkhall, dans le domaine de Balmoral où résident les grands-parents, Elizabeth et Philip. Promenades, pêche à la mouche, équitation, les enfants s'occupent et se divertissent. Certes, jeunes aristocrates anglais, ils seront pensionnaires, mais grâce à Charles, William et Harry vont échapper à Gordonstoun. Ils iront étudier à Eton.

En sortant du collège, William prend une année sabbatique qui le conduit à Belize et au Chili. Il visite ensuite plusieurs pays d'Afrique. Ce continent l'intéresse, il décide d'apprendre le swahili. En 2001, à son retour en Angleterre, il rejoint l'université de St Andrews, en Écosse. Son frère Harry est envoyé par Charles en Afrique. Le prince espère que ce voyage, organisé peu de temps après la mort de Diana, aidera son jeune fils à penser à autre chose, ne serait-ce que quelques jours, qu'au drame absolu qu'est pour lui le décès de sa mère adorée. Très vite, Charles décide de le rejoindre et l'emmène en Afrique du Sud rencontrer Nelson Mandela. Grâce à ce voyage, père et fils resserrent leurs liens. Il permet aussi à l'enfant de rencontrer un vieillard merveilleux doublé d'un héros africain.

En Angleterre, Harry, lui aussi, va entrer à Eton, mais passe d'abord une année sabbatique en Australie et au Lesotho. En 2005, attiré par une carrière dans l'armée, il intègre l'académie militaire de Sandhurst.

Mission accomplie : Charles a conduit avec succès ses deux garçons vers l'âge adulte avec une constante et affectueuse attention. Cette relation harmonieuse entre le père et ses fils semble n'avoir pas été trop affectée par le souvenir des antagonismes anciens du couple que formaient leurs parents. Ils ont aussi accepté rapidement la présence de Camilla dans la vie du prince. Les garçons – qui ont sans doute compris plus vite que d'autres combien douloureuse peut être une relation amoureuse qui part en vrille – ont été contents de voir leur père plus heureux et serein, et ont accepté Camilla bien plus vite qu'un grand nombre de sujets du royaume longtemps hostiles à son égard. Lors du mariage de Charles et Camilla, en février 2005 à Windsor, William est le témoin de son père, et le fils de Camilla, Tom Parker Bowles, critique gastronomique et auteur de nombreux livres de cuisine, celui de sa mère.

Bisbilles et susceptibilités

Néanmoins, William et Harry, une fois adultes, voient moins leur père que durant leur jeunesse. Charles est souvent absent et les différences d'âge sont de plus en plus marquées avec le temps entre Charles, dandy senior et conservateur, et ses deux fils, plus modernes, ouverts et décontractés. Les deux frères traitent leur père avec un peu d'ironie, prennent leurs distances, émettent quelques reproches sur ses absences et sa rigidité. Les garçons continuent longtemps à bien s'entendre jusqu'au jour où quelques bisbilles viennent troubler cette harmonie fraternelle. William, sous l'aile de son père, doit s'initier à la gestion financière du duché de Cornouailles et à son statut de futur prince de Galles. Ce rapprochement relève davantage d'une obligation institutionnelle que d'une relation affectueuse, mais Harry, très sensible et susceptible, dont les sentiments sont toujours à fleur de peau, est fâché d'être ainsi négligé. Son père, si attentif à lui pendant son enfance, semble l'abandonner. Des tensions naissent dès lors entre les deux frères et une certaine distance s'établit entre Charles et eux.

Deux personnalités très différentes

William renvoie vite l'image d'un jeune homme calme et sportif – polo, mais aussi water-polo – qui se coule avec sérieux et discipline dans le moule de la monarchie. Il se prépare à être roi. Et il attend ce moment sans impatience, en présidant un grand nombre d'organisations charitables, dont certaines fondées par sa mère.

Le 29 avril 2011, il épouse Kate Middleton. Cette jeune femme n'appartient pas à l'aristocratie, une nouveauté chez les Windsor. Avant leur mariage dans l'abbaye de Westminster, la reine les nomme duc et duchesse de Cambridge. Ils auront trois enfants, George, Charlotte, Louis. À chacune de ces naissances, le prince Charles se montre un grand-père enthousiaste, mais inconstant. William reprochera à son père de visiter moins souvent ses petits-enfants que ne le fait le père de Kate.

Harry, quant à lui, se trouve en sixième position dans la ligne de succession au trône et il sait que son rôle restera périphérique dans ce que son grand-père Philip a toujours appelé « la Firme ». Il s'en console comme il le peut et révèle un tempérament rebelle, festif, parfois provoquant, ainsi qu'un goût certain pour la vie militaire.

Le 19 mars 2018, dans la chapelle Saint-Georges du château de Windsor, il épouse l'actrice américaine Meghan Markle et la reine leur octroie le titre de duc et duchesse de Sussex. Le 6 mai 2019 naît leur premier enfant, Archie Mountbatten-Windsor. Harry, qui n'oublie pas combien la presse anglaise a harcelé Diana, ne veut pas soumettre son épouse aux mêmes tourments. Il porte plainte en octobre 2019 contre *The Sun*, *The Daily Mirror* et *News of the World* pour atteinte à la vie privée.

Le 31 mars 2020, le couple décide de se retirer de ses fonctions au sein de la famille royale, renonce à toute rémunération publique et à l'usage du prédicat d'altesse royale.

Meghan et Harry comptent mener une vie financièrement indépendante, entre le Royaume-Uni et l'Amérique du Nord.

Un film en souvenir de Diana

En dépit de leurs différences, les deux jeunes garçons décident de produire ensemble un film sur leur mère, programmé pour 2017, le vingtième anniversaire de sa mort. Ce documentaire, intitulé *Diana, Our Mother : Her Life and Legacy*[1], sera diffusé au Royaume-Uni par la chaîne ITV. C'est un hommage à la princesse défunte, présenté par ses fils, et qui commence par l'ouverture d'un album de famille. Harry affirme avec émotion que sa mère « avait une âme d'enfant », il évoque son côté espiègle et la façon qu'elle avait de le serrer dans ses bras et de ne plus le lâcher. « Sa mort, dit-il, est pour moi comme une plaie ouverte. Je pense à elle tous les jours. » « Elle était drôle, ajoute-t-il, et avait un rire d'enfant. »

William, lui aussi, dit « ressentir la présence de sa mère tous les jours. Quand je rencontre des gens qui ont perdu leur mère alors qu'ils étaient enfants, je le sens tout de suite. Nous sommes les membres d'un club auquel personne n'a envie d'appartenir ». Il ajoute qu'il est heureux d'être le fils de Diana, « d'avoir vécu avec elle pendant quinze ans, avant qu'elle nous quitte ». Il évoque l'humour de sa mère, sa tendresse pour ses enfants, mais également la leçon qu'elle leur donna en leur montrant, par des visites d'hôpitaux ou de refuges pour les sans-abri, « que la vraie vie se trouvait hors du palais ».

1. « Diana, notre mère, sa vie et son héritage ».

… et les petits-enfants aussi

Quand sont écrites ces lignes, le prince Charles est quatre fois grand-père. Son premier petit-fils, George, fils de Kate et de William, naît le 22 janvier 2013 et devient aussitôt le troisième dans l'ordre de succession au trône britannique, après son grand-père et son père. Viennent ensuite Charlotte, sœur cadette de George, née le 2 mai 2015, puis Louis, né le 23 avril 2018. Le quatrième petit-enfant de Charles est Archie, fils de Meghan et d'Harry, né le 6 mai 2019.

Le bois de George

Pour William, Charles pourrait être un grand-père plus souvent présent auprès de ses petits-enfants, mais on a quand même vu le prince de Galles à quatre pattes sur un tapis jouer avec le petit George. Il semble que Charles ait eu un coup de cœur pour ce premier petit-enfant. À sa naissance, il a planté plusieurs arbres dans le jardin de sa propriété de Highgrove, qu'il a baptisés « le bois de George ».

Lequel George a entamé, le 5 septembre 2019, sa deuxième année scolaire à la Thomas's Battersea School, avec un programme chargé, digne d'un futur roi, même s'il s'agit de l'enseignement offert (offert est un grand mot puisqu'il en coûte près de 20 000 livres par an aux parents) à tous les élèves de l'école.

Une école exigeante

Selon le magazine américain *People*[1], le petit garçon doit à la fois étudier les matières fondamentales que sont les mathématiques, l'anglais, les sciences, l'histoire et la géographie, suivre des cours de religion, de français, d'informatique, mais il doit aussi étudier l'art et le design, les technologies, la musique, le théâtre, l'éducation physique et la danse.

Pourquoi pareil programme ? Rien d'extraordinaire si on se réfère au site web de l'école[2]. La responsable des petites classes, Helen Haslem, explique que la première année est consacrée à l'apprentissage de l'écriture et du calcul, la deuxième année devant conduire les enfants vers une plus grande maîtrise dans leur travail et leurs interactions sociales.

Vive la danse !

Chaque soir, quand il rentre à Kensington Palace où vivent ses parents, le petit George doit passer dix minutes à lire un texte. Chaque semaine, il apprend une nouvelle règle d'orthographe et consacre une vingtaine de minutes à une autre tâche, tables de multiplication, écriture d'un texte court, activité créative… Dans le courant de l'année, l'enfant est censé améliorer son apprentissage de l'anglais en récitant des poésies ou des histoires devant un groupe d'élèves. George doit aussi participer à une classe de musique deux fois par semaine, s'initiant ainsi aux grandes

1. « All About Prince George's Upcoming School Curriculum (It Reads Like a College Graduate Program !) », édition du 21 août 2019.
2. Voir https://www.thomas-s.co.uk/our-schools/battersea/welcome.

œuvres de la musique classique. Il doit également suivre un cours de français de trente-cinq minutes par semaine et participer à une classe de théâtre de quarante minutes afin d'apprendre comment mieux communiquer, s'exprimer, et s'investir dans le rôle d'un personnage, premier pas dans la découverte de l'empathie. Enfin, l'enfant est inscrit à un cours hebdomadaire de danse de trente-cinq minutes. Ce serait, selon William, la classe préférée de George.

Charlotte, sa petite sœur, entre en septembre 2020 en première année dans la même école, dont la devise est « Joie, apprentissage et succès[1] ». Ensuite viendra probablement le tour de Louis.

Quant à Archie, son sort dépendra des aventures nord-américaines de ses parents.

La périphérie

La famille royale reste assez fermée aux couples et à leurs enfants qu'elle considère comme périphériques. Il s'agit d'un deuxième cercle, rarement invité, absent des photos de famille, et que le public connaît à peine. Ainsi parle-t-on des fils de Charles et de leurs épouses dans toutes les gazettes, mais qu'en est-il des deux enfants de Camilla ? Ils existent, pourtant, et Camilla les aime. La duchesse de Cornouailles a un fils, Tom Parker Bowles, né en 1974, critique gastronomique et auteur de livres de cuisine. Marié, il a deux enfants, Lola, née en 2007, et Freddy, en 2010. Camilla a aussi une fille, Laura Lopes, née en 1978, mariée et mère de trois enfants, Eliza, née en 2008, et les jumeaux Gus et Louis, nés fin 2009. Voici ainsi Camilla mère de deux enfants et grand-mère de cinq petits-enfants qui restent dans l'ombre de la famille royale. Mais peut-être, après tout, en sont-ils très heureux.

1. En VO : *« Enjoyment, Learning and Achievement »*.

Les fractures de la fratrie

Anne, la cavalière

Longtemps, Charles a pour seule amie sa sœur Anne, née le 15 août 1950. Puis les voilà séparés durant leur adolescence, Charles devenant pensionnaire à Gordonstoun tandis qu'Anne, pensionnaire elle aussi, rejoint Benenden School, dans le Kent, une école très chic réservée aux jeunes filles.

Danseuse de twist

Et tandis que Charles, qui a deux ans de plus que sa sœur, cherche avec hésitation, dans les années 1970, la femme de sa vie, Anne compte déjà un nombre non négligeable de « petits amis », et parmi ces derniers, sans doute, quelques amants. Contrairement à l'air très austère qu'elle adoptera plus tard, une fois franchie l'étape de la cinquantaine, avec ses chignons serrés, son regard revêche, ses tenues sévères, la princesse Anne fut, jeune fille, d'une grande beauté. Délurée, danseuse de twist dans les discothèques du West-End, Anne est courtisée par des jeunes gens de la bonne société. L'un d'eux est un protagoniste de l'histoire de Charles, Andrew

Parker Bowles, le futur époux de Camilla Shand, dont le prince est épris.

Amoureuse des chevaux et d'un roturier

Anne, on le sait, est une grande cavalière, qui participe, entre autres compétitions prestigieuses, aux Jeux olympiques de Montréal, en 1976. Audacieuse, mais peu avenante, elle fait peur à la fragile Diana, et pourtant ce n'est pas celle-ci mais bien Anne qui, la première, bouscule les habitudes de la famille Windsor. En 1973, à Westminster, elle épouse un roturier, Mark Philipps, lieutenant des Dragons de la reine, bel homme, lui aussi grand cavalier, médaille d'or aux Jeux olympiques de Munich en 1972. Le couple a deux enfants, Peter, né en 1977, et Zara, en 1981 (future médaille d'argent d'équitation aux Jeux olympiques de 2012). Philipps ayant décliné l'offre d'un titre nobiliaire proposé par la souveraine, Peter et Zara n'ont pas droit au prédicat d'altesses royales.

La famille vit à Gatcombe Park, un manoir du XVIIIe siècle entouré d'un parc de près de 300 hectares dans les Cotswolds, cadeau de la reine pour le mariage de sa fille. Anne y élève des chevaux dans ses écuries. Elle les montait toujours, aussi souvent que possible, à l'approche de ses soixante-dix ans.

Une tentative d'enlèvement

Un an après son mariage, Anne est la cible d'une tentative de kidnapping ratée quand un nommé Ian Ball – enfermé à vie depuis dans un hôpital psychiatrique – tire sur la Rolls-Royce où elle se trouve en compagnie de son mari, en route vers Buckingham après une réception à Londres. Le chauffeur, les deux policiers chargés de la protection du couple et un journaliste qui passait par là par hasard sont blessés. Ian Ball ouvre la portière arrière et intime à Anne l'ordre de sortir, laquelle lui répond avec calme : « *Not bloody likely* », que l'on peut traduire, mais de façon un peu fade, par « Jamais de la vie ».

Des lettres torrides

Charles n'aime pas Philipps, qu'il surnomme « Foggy », « le Brumeux », parce qu'il n'est pas très futé et souvent humide de sueur et de rosée quand il monte un cheval tôt le matin. Pour Anne et Mark, aussi, l'amour s'étiole. La passion de l'équitation ne suffit pas à souder le couple. Peu après la naissance de Zara, Mark Philipps s'éloigne de sa femme et en fréquente une autre, une institutrice néo-zélandaise. De cette liaison naît, en 1985, une fille nommée Felicity. En 1989, le quotidien *The Sun* révèle avoir reçu quatre lettres anonymes trop torrides pour être publiables et dérobées sur le bureau de la princesse Anne. Buckingham prend les devants pour éviter la publication des missives et annonce que leur auteur est Timothy Laurence, écuyer de la reine, qualifié d'« ami » de la princesse. La même année, Anne et Mark annoncent leur séparation, mais le mot de divorce n'est pas encore prononcé car tabou à Buckingham. Il ne sera utilisé qu'en 1992, et quelques mois plus tard Anne et Timothy, honorable officier de la Royal Navy, se marient en Écosse où l'Église presbytérienne tolère le remariage de personnes divorcées.

Anne préside plus de trois cents organisations charitables, parmi lesquelles, on s'en doute, de nombreuses associations équestres. Elle défend aussi le sort des enfants et soutient depuis plus d'un demi-siècle une organisation mondialement connue, Save the Children (« Sauvons les enfants »). Par ailleurs, elle voyage au sein du royaume et dans le reste du monde au nom de la reine et participe chaque année à quelque cinq cents manifestations.

Andrew, le cavaleur

Le 20 novembre 2019, le prince Andrew, deuxième fils d'Elizabeth et de Philip, annonce dans un communiqué qu'il met fin à ses activités officielles. Sous cette déclaration se cache la peur panique de la monarchie de ne plus répondre à l'attente de ses sujets. Andrew est littéralement chassé de la famille royale pour avoir, par ses frasques et son amitié avec un pédophile notoire, le multimillionnaire américain Jeffrey Epstein, mis en danger la maison Windsor.

Certains comparent la chute du prince à l'abdication, en décembre 1936, de son grand-oncle, le roi Édouard VIII, pour aimer une femme deux fois divorcée, ce qui, à l'époque, semblait totalement incompatible avec les valeurs de la monarchie britannique. Un tel mariage, pensait-on alors, aurait miné les fondements même de l'institution, autrement dit la confiance du peuple britannique à son endroit. Andrew, lui aussi, aurait bafoué ces valeurs et dès lors mis en danger la Couronne. Tout le monde, chez les Windsor, se souvient combien elle fut fragilisée par les malheurs du mariage de Charles et Diana, puis par la mort de cette dernière. Plus question, donc, de tolérer les écarts de conduite et les scandales potentiels. Andrew est promptement poussé hors du champ de la monarchie. Charles, qui n'a pas assisté à la fête organisée pour les soixante ans de son frère, le 19 février 2019, joue un rôle éminent dans cette éviction, bien décidé, pour limiter les dégâts, à offrir au peuple l'image d'une Couronne moins dépensière, pour ne pas dire frugale, et à réduire la famille royale aux membres les plus proches de la souveraine.

L'enfant préféré de la reine

Pour l'historien Robert Lacey, grand spécialiste de la monarchie britannique, consultant de Netflix, le bannissement d'Andrew constitue une épreuve pour Elizabeth II car il s'agit de son fils préféré. « Devenue reine très jeune, elle a toujours senti qu'elle n'avait pas pu être une bonne mère pour ses deux premiers enfants, Charles et Anne, déclare Lacey dans un entretien au journal suisse *L'Illustré*. À la fin des années 1950, après des tensions dans son mariage, elle s'est rapprochée du prince Philip, et Andrew et Edward sont nés. D'où cette tendresse particulière pour Andrew qui représente le renouveau de la famille[1]. »

Néanmoins, pronostique Lacey, « Andrew va tout de même disparaître » du paysage.

Diplomatie très personnelle

Le prince Andrew, duc d'York, né en février 1960, a derrière lui une carrière militaire remarquable. Vice-amiral de la Royal Navy, pilote d'hélicoptère audacieux, il a participé activement à la guerre des Malouines, en 1982, menant des opérations contre l'artillerie argentine et de nombreuses évacuations de blessés. Après sa vie militaire, et contrairement à Charles, Andrew pratique pendant dix ans un vrai métier, celui de Représentant spécial de la Grande-Bretagne pour le commerce international et les investissements, un travail dont le bilan est plus que controversé. Il profite de sa position pour fréquenter de généreux personnages tout à fait douteux, tel l'ancien « Guide de la révolution » libyen Mouammar Kadhafi, ou le dictateur kazakh Noursoultan Nazarbaïev, entre autres satrapes de gros calibre. Mais Andrew n'est pas seulement connu pour ses faits de guerre ou ses actions de diplomatie commerciale et, disons, personnelle. Il est aussi célèbre pour son sourire carnassier, son côté fêtard, son goût des plaisirs. Si l'on en croit *The Daily Beast*[2], il aurait eu l'habitude d'inviter des jeunes femmes à Buckingham et de leur donner l'occasion de s'asseoir sur le

1. Dans l'édition du 28 novembre 2019.
2. Dans l'édition du 2 mars 2020.

trône de la reine. « C'était devenu, écrit le site américain, une pratique habituelle du prince pour séduire ses conquêtes potentielles. » L'article raconte que l'une de celles-ci, après s'être assise sur le trône, a été conduite par Andrew sur le balcon du palais afin d'y saluer une foule inexistante.

Son mariage avec la pétulante Sarah Ferguson – que détestait Philip – ne semble pas avoir calmé ses ardeurs envers d'autres femmes, et Sarah elle-même eut quelques amants dont l'un, photographié en pleine action par un paparazzi au large d'une île des Caraïbes, en train de lui sucer les orteils.

Le couple eut deux filles, Beatrice et Eugenie, puis divorça en 1996 tout en continuant à vivre sous le même toit.

Le sulfureux Jeffrey

Son amitié pour Jeffrey Epstein constitue la plus grande faute du prince Andrew. Ghislaine Maxwell, amie du prince de longue date, ex-compagne d'Epstein (aujourd'hui accusée de complicité) et fille du légendaire ancien patron de presse britannique Robert Maxwell, présente le milliardaire américain au prince anglais, à la fin des années 1990. Et les deux hommes s'entendent très bien. Andrew invite Epstein à chasser à Sandringham, ce dernier lui rend la politesse en l'invitant sur son île privée, Little Saint James, dans les Caraïbes.

Puis, en 2008, Epstein est condamné par la justice américaine à treize mois de prison pour avoir eu des relations sexuelles avec des prostituées mineures. Andrew aurait dû le considérer alors comme un personnage infréquentable, mais le prince se déclare fidèle à ses amis et continue à le voir. En 2011, une photo prise fin 2010 est publiée qui montre Epstein et Andrew se promenant dans Central Park, à New York. *The Mail on Sunday* montre une autre photo d'Andrew, tout sourire, tenant par la taille une très jeune fille, avec Ghislaine Maxwell en arrière-plan. En août 2011, le magazine *Vanity Fair* propose une longue enquête, intitulée « The Troubles with Andrew », qui dévoile le nom de la jeune femme de la photo. Il s'agit de Virginia Roberts. Elle affirme dans cet article avoir été « formée » à la prostitution par Epstein qui l'a envoyée à Londres en 2001, alors qu'elle n'avait que dix-sept ans, pour passer du temps avec le prince. La jeune femme précise que Ghislaine Maxwell l'avait recrutée comme « esclave sexuelle » d'Epstein à l'âge de quinze ans, et qu'elle rencontra trois fois Andrew, à Londres, à New York, et dans l'île de Little Saint James. Andrew et Ghislaine démentent. Andrew devrait être interrogé par le FBI. Le prince rassure sa mère, déclarant ces accusations mensongères et lui assurant qu'il n'a jamais touché aux filles qui tournent autour d'Epstein. La reine le fait alors chevalier de l'ordre royal de Victoria, confirmant de façon symbolique à ses sujets que personne n'est plus honorable que son fils préféré. Puis les choses se calment. La joyeuse actualité royale détourne l'attention des Britanniques de la triste histoire d'Andrew : le 29 avril 2011, William, le fils aîné de Charles, épouse Kate Middleton.

Une interview désastreuse

Huit ans plus tard, l'affaire revient comme un boomerang sur le devant de la scène. Epstein est à nouveau arrêté en juillet 2019, accusé d'avoir monté un réseau de prostitution de jeunes filles mineures, et il risque la prison à perpétuité. Le 10 août, ses geôliers le retrouvent pendu dans sa cellule. L'autopsie conclut à un suicide. Les théoriciens du complot se montrent sceptiques. Selon eux, Epstein en savait trop sur ses amis riches et puissants.

La mort d'Epstein devient le prélude à la chute du prince. Contre l'avis de ses conseillers, celui-ci décide de donner une interview à la BBC. Diffusée le 16 novembre, elle se révèle un désastre. Détendu, souriant, Andrew dénonce la photo avec la jeune Virginia comme un montage parce qu'à

Londres, dit-il, il porte toujours une cravate, et que tenir les gens par la taille ne fait pas partie de ses habitudes. Il avance ne pas regretter d'avoir été l'ami d'Epstein, ne manifeste aucune compassion pour ces jeunes femmes mineures exploitées par le milliardaire, n'exprime aucun regret d'avoir fréquenté un homme condamné par la justice.

D'après les sondages, non seulement il n'a pas convaincu l'opinion, mais les Britanniques sont choqués.

Charles est à la manœuvre. Andrew se voit poussé vers la porte. La reine le laisse faire, entre son chagrin et son intérêt pour l'avenir de la monarchie. Le prince de Galles montre dans cette affaire, espère-t-il, son sens du devoir et son autorité. On dirait un futur roi.

Edward, le benjamin discret

Edward, né le 10 mars 1964, est le dernier enfant d'Elizabeth et de Philip. Comme ses deux frères avant lui, Charles et Andrew, il ne va pas échapper à la terrible école de Gordonstoun, en Écosse. Quand il en sort, il s'offre une année sabbatique en Nouvelle-Zélande, où il travaille comme tuteur dans un collège. À son retour en Angleterre, il est admis à Cambridge – avec une évidente indulgence de la prestigieuse université, vu les notes assez médiocres du candidat. Il y étudie l'histoire. Une fois diplômé, ce jeune homme un peu frêle doit passer par l'étape obligatoire pour un rejeton royal de sexe masculin : une formation militaire. Edward rejoint les commandos de marine, où il est supposé rester une année, mais au bout de quatre mois, il abandonne un entraînement physique trop exigeant pour lui. Furieux, son père, Philip, fait pleurer son fils. Lequel préfère l'atmosphère plus aimable du théâtre.

Le business du divertissement

En 1988, il rejoint la Really Useful Theatre Company, au sein de laquelle il devient assistant producteur de comédies musicales à succès, telles *The Phantom of the Opera*, *Starlight Express*, *Cats*. C'est à l'occasion de cette dernière production qu'il rencontre la première petite amie qu'on lui connaisse, l'actrice Ruthie Henshall, avec qui il entretient une relation constante pendant deux ans, puis, de l'aveu même de la jeune femme[1], une relation plus intermittente au cours des trois années suivantes.

En 1993, il fonde une compagnie de production de documentaires destinés aux chaînes de télévision, Ardent Productions, qui connaîtra quelques hauts et beaucoup de bas jusqu'à l'année 2002, quand il décide de se consacrer désormais au service de la reine, laquelle fête alors son Jubilé d'or.

La rencontre avec Sophie

Toujours en 1993, alors même qu'il se lance dans son entreprise de production, il rencontre une jolie jeune femme, Sophie Rhys-Jones, à l'occasion d'un tournoi de tennis caritatif. Sophie travaille dans les relations publiques et conduit une charmante voiture, une Morris Minor 1000 de couleur grenat, offerte par un ancien petit ami qu'il convient de féliciter pour ce choix automobile pertinent. Il faudra attendre janvier 1999 pour que soient enfin annoncées leurs fiançailles. La jeune femme est roturière, fille d'un marchand de pneus et d'une secrétaire, mais qu'importe, la monarchie se modernise à grands pas. Le mariage a lieu le 19 juin 1999 dans la chapelle Saint-Georges de Windsor, un événement plus modeste, donc, que tous les mariages royaux à Westminster, mais charmant. La reine les nomme comte

1. « Henshall Talks of Love for Prince », BBC, 17 août 2008.

et comtesse de Wessex et leur offre une splendide propriété, Bagshot Park, qui ne compte pas moins de 120 pièces, des écuries et des dépendances, au milieu d'un parc de 21 hectares, située à seulement 18 kilomètres de Windsor.

Le couple va avoir deux enfants, Louise, en 2003, James, en 2007.

Faire taire la rumeur

Ce mariage heureux – Andrew est le seul enfant de la famille royale, à l'heure où sont écrites ces lignes, à ne pas avoir divorcé –, les naissances de ces deux enfants, la vie discrète de cette famille, tout ceci contribue à faire taire les rumeurs d'une éventuelle homosexualité d'Edward. En 1990, lui-même a déjà dû démentir ces mêmes rumeurs dues sans doute au fait qu'après sa liaison avec Ruthie Henshall il n'était jamais resté longtemps avec les quelques jolies jeunes femmes photographiées à son bras. Edward, aussi, n'a jamais cherché à donner l'image d'un mâle dominant, contrairement à son père, *macho supremo*. Il a détesté l'armée et adoré le théâtre et la poésie. Ses camarades de l'équipe de rugby de Gordonstoun se rappellent qu'« il ne touchait pas souvent le ballon ». On l'appelait alors « the Wimp », « le Mou ». On imagine avec une certaine délectation, avouons-le, l'effroi de Philip à l'idée que son fils puisse préférer les garçons, alors que le duc d'Édimbourg traitait jadis les nombreux domestiques homosexuels travaillant à Buckingham de « tapettes du palais ».

Des années passent et on s'aperçoit que les Wessex, si discrets et un peu ternes, sont désormais placés sur la ligne de front de la royauté. Sophie a, sans doute, joué un rôle décisif dans cette affaire. Cette femme énergique, directe et intelligente, est devenue, avec le temps, la belle-fille préférée de la reine. Elle est aussi très amie avec Kate, tandis qu'Edward entretient de bonnes relations avec le prince William. Par ailleurs, Edward a repris à son compte l'essentiel du patronage des organisations charitables que gérait son père Philip. Il semble évident que, sans le dire officiellement, les Wessex sont invités à venir remplir le vide laissé par le départ soudain du prince Harry et de sa femme Meghan au Canada, puis aux États-Unis, début 2019. Edward et Sophie entrent ainsi dans le premier cercle de la famille royale telle que Charles la conçoit désormais, recentrée sur ceux qui sont prêts à servir une monarchie resserrée, plus frugale et mieux consolidée.

Sixième partie

AMOUR, CONSTANCE ET SÉRÉNITÉ

Remonter la pente

Après le drame national de la mort de Diana, la monarchie ne va pas bien, le prince Charles pleure souvent de chagrin ou de regrets. Dévastés, William et Harry sont soutenus par Alexandra Legge-Bourke, alias « Tiggy », leur nounou de vingt-huit ans, que les deux garçons adorent – ce qui avait fortement troublé la princesse à l'époque. Tiggy est à Balmoral la nuit de la mort de leur mère. À partir de cet instant, elle ne quittera plus les deux enfants.

L'ennemie publique numéro un

Quant à Camilla, elle a disparu du paysage, terrée dans sa maison de campagne, Ray Mill, près du charmant village de Lacock, dans le Wiltshire, à une demi-heure de Highgrove en Ford Mondeo, sa voiture d'avant les limousines princières. Mais ce n'est pas le moment de s'y rendre. Elle reste dans son refuge, cette attrayante résidence achetée peu de temps après son divorce. Elle sait très bien qu'avec la mort de Diana on la considère comme l'ennemie publique numéro un. Pour de nombreux sujets britanniques, elle porte la responsabilité de cette tragédie, elle est la méchante sorcière du conte de fées qui tourne au drame. Même la reine, qui a de l'estime pour elle, ne veut plus la voir. Camilla a mis en danger la monarchie ce qui, bien sûr, relève de l'impardonnable. Le lien reste cependant solide avec Charles, qui lui téléphone longuement et régulièrement. Il ne renonce à rien, continue à affirmer que la présence de Camilla dans sa vie est « non négociable », mais, tel le président français François Mitterrand à son époque, il « laisse du temps au temps ».

Popularité en chute libre

Charles a de nombreux sujets d'inquiétude en dehors des contraintes qui pèsent sur sa relation avec Camilla. Ses enfants d'abord, encore fragiles, et lui-même, dont la cote de popularité, tombée en chute libre après la mort de la princesse, n'atteint plus que 4 % d'opinions favorables. La descente aux enfers continue avec la prolifération des théories du complot. Pour certains, en effet, le prince pourrait être l'architecte de la fin de Diana. Il lui faut sortir du trou, remonter la pente, affronter de nouveau les gens dont il sent qu'ils lui sont hostiles.

Pour cette entreprise de réhabilitation, Charles a son *spin doctor*, comme à la même époque Tony Blair et son New Labour en avaient quelques-uns. Sous ce terme se cache généralement un personnage chargé d'influencer positivement la presse et l'opinion, de donner un *spin* aux nouvelles – comme un « effet » donné à une balle de tennis – pour tenter de gagner le point.

Mark Bolland, spin doctor royal

Toujours sur la brèche de la manipulation médiatique, ces artificiers du discours ont, depuis l'été 1996, après l'annonce du divorce de Charles et Diana, un représentant auprès du prince, Mark Bolland. Ce jeune homme de trente ans, d'origine canadienne, connaît bien le monde journalistique pour avoir travaillé à la Press Complaints Commission, un organisme d'autorégulation des principaux médias britanniques. Le président de cette commission, lord Wakeham, suggère à Charles d'embaucher Bolland. Le prince le reçoit et l'apprécie tout de suite pour son bagout, son optimisme, son dynamisme. Par ailleurs, Bolland comprend vite que son nouveau patron n'est pas un homme facile. Charles n'aime pas la contradiction et s'entoure de conseillers qui ne lui disent que ce qu'il souhaite entendre. Bolland s'attache à améliorer l'image du prince et s'attelle aussi à une autre mission, plus confidentielle et compliquée : banaliser progressivement la présence publique de Camilla auprès de Charles, un objectif mis entre parenthèses pendant toute une année après la mort de Diana. Enfin, Bolland négocie avec la presse les conditions permettant de protéger la vie d'écolier et d'étudiant de Harry et William.

Quelques mots sincères

Quatre semaines après la mort de Diana, les conseillers de Charles l'encouragent à affronter le public. L'occasion se présente sous la forme d'une invitation à visiter le centre de l'Armée du salut à Manchester. Charles accepte, mais à contrecœur. La foule va-t-elle le huer, l'insulter, le bousculer ? Le prince tient dans sa poche un discours élaboré par « les meilleurs *spin doctors* de Downing Street[1], dont Peter Mandelson », nous dit Tom Bower dans *Rebel Prince*. Ce discours, cependant, va rester dans la poche de Charles, qui s'adresse spontanément aux quelques spectateurs se trouvant devant le siège de l'Armée du salut. En serrant leurs mains, il dit combien il les remercie, en son nom et celui de ses fils, de leur soutien en ce moment si difficile. Les gens sont

1. Le 10 Downing Street est le siège et la résidence du Premier Ministre britannique.

touchés, tout comme les médias, par la simplicité et la sincérité de ces quelques mots. Ils constatent que Charles se révèle un homme digne, un bon père, aussi, attentif à ses fils. Après la visite de Charles et Harry à Nelson Mandela, les Britanniques apprécient la photographie du père et de son jeune fils avec le vieux héros africain.

Le retour à la lumière

Charles s'impose une règle : ne jamais parler en public de Diana, par décence, et par prudence, aussi. Il ne parle pas non plus de Camilla, sauf à ses amis les plus proches, à qui il dit espérer pouvoir un jour prochain apparaître en public avec elle, l'amour de sa vie, la main sur son bras. Il continue à soutenir le moral de cette femme en quarantaine en lui téléphonant presque tous les soirs. En décembre, les sondages remontent, l'un d'eux de façon spectaculaire, donnant 61 % d'opinions favorables à Charles, pourcentage bien plus élevé que durant « la guerre des Galles », et beaucoup plus encore que les 4 % au lendemain de la mort de Diana. Mais d'autres sondages disent aussi que 90 % des Britanniques sont hostiles à un éventuel mariage de Charles avec Camilla.

À partir du printemps 1998, Mark Bolland va passer une année entière à organiser, pas à pas, le retour de Camilla à la lumière, sans que rien ne semble sensationnel ou dérangeant. En mai, il fait savoir à quelques rédacteurs en chef, presque en passant, que Mme Camilla Parker Bowles a été récemment invitée par le prince à une réception à Sandringham. En octobre, Camilla et Charles arrivent séparément dans une église de Londres pour le mariage d'un couple d'amis et assistent à la cérémonie assis loin l'un de l'autre. Un grand pas est franchi en janvier 1999, quand le prince et Camilla se rendent ensemble au Ritz de Londres pour fêter les cinquante ans d'Annabel Elliott, la sœur cadette de Camilla, antiquaire et décoratrice d'intérieur, qui a notamment travaillé pour plusieurs propriétés de Charles. Bolland n'a pas manqué d'en informer quelques journalistes et photographes.

La reine baisse la garde

En 2000, Camilla accompagne Charles dans une tournée de rencontres officielles en Écosse et le couple séjourne dans la résidence de la reine à Édimbourg, Holyroodhouse. Ce signe subliminal de reconnaissance par la souveraine de la relation de Camilla avec son fils est le premier d'une série qui va démontrer qu'Elizabeth, voyant la constance et sans doute le bonheur de son fils, a baissé la garde. En juin 2000, Camilla s'incline devant la reine et échange quelques mots avec elle lors d'une fête à Highgrove, la maison de Charles, organisée pour les soixante ans de Constantin, l'ancien roi de Grèce.

En juin 2002, la reine a déposé les armes. Elle invite Camilla à Buckingham pour la célébration de son jubilé. Et soudain la situation évolue. Les courtisans font désormais la révérence quand ils croisent Camilla, même si cette dernière n'a encore aucun statut officiel. Sans doute devinent-ils que le couple s'approche à pas feutrés d'une cérémonie jugée par certains aberrante pour un futur chef de l'Église anglicane : un mariage civil.

Interrogée par le *Daily Telegraph* en février 2005, Penny Junor, qui a écrit de nombreuses biographies, dont une du prince Charles et une autre de Camilla, estime que « Mark Bolland était en charge d'une mission très spéciale : faire en sorte que l'opinion accepte Camilla comme la légitime partenaire du prince Charles, et il a accompli sa tâche avec brio ».

Amour, prières et contrition

Le 10 février 2005, Buckingham annonce que le mariage civil de Camilla Parker Bowles et de Charles, prince de Galles, aura lieu le 8 avril de la même année. Il sera suivi d'une séance de prières et de contrition. Et rien n'est simple.

La reine a le droit de mettre son véto à ce mariage car le *Royal Marriages Act*, loi votée par le parlement en 1772, pose certaines conditions afin de se garder d'unions susceptibles de fragiliser l'institution monarchique. Le Conseil de la reine, le Privy Council, l'interroge donc sur le mariage de son fils et de Camilla, et la souveraine donne son accord. Par ailleurs, le parlement ne juge pas cette union morganatique, ce qui simplifie les choses. L'archevêque de Canterbury, Rowan Williams, quant à lui, déclare que tout cela lui semble bel et bon, « en conformité avec les règles de l'Église concernant le remariage que le prince de Galles accepte totalement en tant qu'anglican engagé et éventuel gouverneur suprême de l'Église d'Angleterre ».

Escarmouches juridiques

Une controverse s'annonce à la Chambre des lords sur la question de savoir si le prince peut, légalement, se marier civilement, procédure qui semble interdite aux membres de la famille royale par une loi de 1836. Point du tout, répondent quelques juristes éminents qui ont convaincu les parlementaires qu'une loi postérieure, celle de 1949, permet aux deux amoureux de justes et légales noces civiles.

Enfin, le 17 février, Clarence House, la maison londonienne de Charles et le siège de sa cour, annonce que le mariage civil n'aura pas lieu au sein du château de Windsor, mais hors de ses murs, dans le Windsor Guildhall, un changement dû aux règles bureaucratiques que soulève l'événement. Si la cérémonie civile était organisée au château, il lui faudrait une licence appropriée qui l'obligerait à ouvrir ses portes au public afin d'y célébrer des mariages civils pendant au moins trois ans. L'amour de la monarchie à l'égard de ses sujets a ses limites qui se dressent au pied des murs de ses royales demeures.

Souvenirs, souvenirs...

Ces chicaneries réglées, reste l'impondérable, et les voies du Seigneur se révèlent, une nouvelle fois, impénétrables. Le pape Jean-Paul II meurt et ses obsèques sont organisées le... 8 avril. Il faut donc reporter la date du mariage au lendemain, le 9. Ce report tardif met au désespoir les fabricants de souvenirs en faïence qui doivent produire en urgence tasses, assiettes et théières avec la bonne date. Mais très vite, la main invisible du marché fera des pièces périmées des raretés les plus recherchées par les amateurs.

Par ailleurs, ce report présente l'avantage d'épargner aux invités le choix cornélien entre le Saint-Père défunt et le prince amoureux. Charles se rend au Vatican en tant que représentant de la reine avant de rentrer le soir à Highgrove et d'y respecter la tradition l'obligeant à dormir seul la nuit précédant son mariage. Ses deux fils l'attendent pour passer la soirée avec lui.

La sublime bague de fiançailles de Camilla est un solitaire taillé en carré et encadré de six baguettes de diamants, le tout monté sur un support de platine. Il s'agit d'un bijou de famille datant de 1920 et ayant appartenu à la reine mère.

Ce jour-là, la mariée a porté deux tenues. L'une, couleur blanc cassé assortie d'un grand chapeau, pour le mariage civil, la seconde, de forme similaire, chapeau inclus, couleur bleu pâle, pour la cérémonie de prières et de contrition. Charles, lui, arborait comme il se doit un *morning suit* – redingote noire ouverte sur un gilet et pantalon à rayures.

La victoire de deux guerriers

Ce matin du 9 avril 2005, environ vingt mille personnes, selon les chiffres publiés par la BBC, sont rassemblées depuis l'aube près du Guildhall de Windsor pour féliciter et applaudir ce couple dont les liens amoureux remontent à plus de trois décennies. On salue alors la tendresse, la constance, l'opiniâtreté. Ces deux guerriers fourbus ont gagné la bataille ; la foule, à Windsor, semble ravie.

Les témoins sont William, fils de Charles, et Tom, fils de Camilla. Une fois mariée, cette dernière devient duchesse de Cornouailles, et non princesse de Galles, ce titre restant dans l'imaginaire collectif trop intimement associé à Diana pour être utilisé par son ancienne rivale.

Plus bigote encore que l'archevêque de sa propre Église, la reine n'a pas voulu assister à cette cérémonie civile pourtant tolérée par les règles anglicanes, mais elle est présente l'après-midi, dans la chapelle du château, entourée des membres des deux familles, pour la séance de prières et de contrition. Bras dessus, bras dessous, les nouveaux mariés se jurent fidélité et lisent un texte de pénitence datant de 1662, tiré du *Livre des prières communes* : « Nous reconnaissons et déplorons nos nombreux péchés et méchancetés que, parfois, nous avons lamentablement commis en pensées, en paroles et en actions, contraires à Sa Divine Majesté, provoquant à juste titre son indignation et son courroux à notre endroit[1]. »

Pour égayer l'atmosphère, la reine prononce alors un court discours en filant la métaphore hippique pour dire enfin publiquement que ce mariage lui fait plaisir et qu'elle est fière de son fils : « En dépit de Becher's Brook et de The Chair[2] et toutes sortes d'autres obstacles terribles que mon fils a surmontés, je suis très fière et je leur souhaite le meilleur. »

« *Prince + Duchess* »

En fin de journée, après une réception au château rassemblant quelque huit cents invités, le couple quitte Windsor à bord d'une majestueuse Bentley Brooklands décorée par William et Harry de l'inscription « Prince + Duchess » sur le pare-brise, « Just Married » sur la vitre arrière, et de nombreux ballons de couleurs accrochés au pare-chocs. Le couple passera sa lune de miel à Birkhall, la résidence écossaise du prince dans le domaine de Balmoral.

1. En VO : « *We acknowledge and bewail our manifold sins and wickedness, Which we, from time to time, most grievously have committed, by thought, word and deed, Against thy Divine Majesty, Provoking most justly thy wrath and indignation against us.* »
2. Deux obstacles de courses de chevaux de l'hippodrome de Liverpool connus pour leur dangerosité.

Septième partie

LE PRINCE EN SES PROVINCES

Le Gallois d'une semaine

Le jeune Charles, on s'en souvient, avait promis de rester fidèle à sa devise de prince de Galles, « *Ich Dien* » (« Je sers ») et d'être un ami fidèle des habitants de son principat. Immédiatement après son intronisation, le 1er juillet 1969, il entreprend de parcourir le pays de Galles pendant une semaine et rentre ravi de cette escapade. Depuis, Charles, à sa manière, tient sa promesse. Chaque année, il rend visite à ses sujets en organisant la Wales Week, une semaine de juillet au pays de Galles inspirée par ce premier voyage, un demi-siècle plus tôt. Il s'agit d'un périple de cinq jours à travers la région pour y promouvoir des initiatives locales charitables, commerciales, artisanales, artistiques, agricoles ou industrielles. Cet événement est largement suivi par la presse et les « journalistes royaux » qui accompagnent le prince dans tous ses déplacements.

La question se pose de savoir si cette semaine suffit à bien « servir » les Gallois, et pas seulement les quelques dizaines d'entre eux que Charles rencontre pendant ces cinq jours par an. La réponse se trouve sans doute dans la description de cette cinquantième semaine, la Wales Week de juillet 2019.

Lundi, sabre et goupillon

Les joues roses, l'œil vif et l'air content, Charles ouvre cette édition 2019 le lundi 1er juillet, jour du cinquantième anniversaire de son investiture, par un service religieux à la cathédrale de Cardiff célébrant le soixantième anniversaire du régiment des Dragons de la reine. Après cette alliance du sabre et du goupillon, il file à Nantgarw, petite ville proche, connue pour son collège ultramoderne et son musée de porcelaines anciennes doté d'un vieux four en briques que le prince ignore. Il se rend directement vers le centre d'appels du Prince's Trust, une organisation qu'il préside et qui aide les jeunes en difficulté à s'insérer dans le monde du travail à travers l'apprentissage. On lui offre un gâteau d'anniversaire, Charles y plonge un long couteau avec un sourire féroce, puis félicite les douze employés du lieu, et part en direction de la forêt de Ty'n-y-Coed, au nord-ouest de Cardiff, saluer les vainqueurs du prix des meilleurs British Horse Loggers, les bucherons travaillant avec des chevaux de trait pour tirer les troncs des arbres abattus. Bienfaiteur de leur association, le prince juge qu'il s'agit là d'une belle et écologique façon de gérer les forêts.

Mardi, la harpiste du prince

Le mardi, voici Charles, comme chaque jour cravaté de soie, à Bridgen, une ville d'environ cinquante mille habitants à l'ouest de Cardiff. Il visite le siège de la police du sud du pays de Galles. « C'est une grande joie, dit-il, de pouvoir rencontrer ici ceux dont la vocation, l'expérience et l'expertise assurent la sécurité de leur communauté. » Le prince, c'est bien dommage, ne restera pas là jusqu'au soir, alors que l'activité nocturne du lieu inclut la prestation de nombreux groupes hard rock et metal, comme Bullet for My Valentine, Funeral for a Friend, Lost Prophets ou Fire Fences, qui jouent dans des clubs locaux.

Dans l'après-midi, on retrouve le prince de Galles au Royal Glamorgan Hospital, à Ynysmaerdy, pour inaugurer The Prince of Wales Nursing Cadet Scheme, un centre d'apprentissage au métier d'infirmier à l'attention des soldats de l'armée âgés de seize à vingt-cinq ans.

Pendant ce temps, Camilla, qui préside le Royal Voluntary Service (RVS) – une organisation forte de vingt mille volontaires, dans l'ensemble du royaume, qui visitent les personnes les plus vulnérables chez elles ou dans les hôpitaux –, anime un déjeuner dans la cantine d'une maison de retraite de Llandovery. Elle y salue les quarante années d'existence du Dolau Lunch Club, fondé par des volontaires locaux du RVS, qui servent deux fois par semaine un déjeuner chaud à des personnes âgées, et le centenaire d'une pensionnaire, Irene, manifestement très émue. « Je suis tellement contente de célébrer tout ceci avec vous », s'exclame Camilla avec un grand sourire.

Ce mardi soir, comme chaque fin de journée de cette semaine galloise, Charles et Camilla se retrouvent chez eux, dans leur maison de Llwynywermod, au cœur du parc national de Brecon Beacons. À travers son trust du duché de Cornouailles, le prince a acquis cette ferme entourée de 700 hectares de terrain en 2006. Le couple y emménage en 2008, faisant de cette jolie maison sa résidence officielle au pays de Galles. Et comme il n'y a pas de petits profits, elle devient un gîte rural loué aux touristes en l'absence du propriétaire des lieux.

Lequel est bien là, ce soir, offrant un dîner à quelques personnalités locales qui écoutent la musique des élèves du Royal Welsh College of Music and Drama, dont le prince est le bienfaiteur. À la harpe, une jeune femme d'une beauté botticellienne, Alis Huws, Galloise de vingt-six ans, se voit, à cette occasion, nommée « harpiste officielle du prince de Galles ».

Mercredi : « Où sont passées ces cinquante années ? »

Le mercredi matin, Charles serre les mains d'écoliers massés derrière une barrière et agitant le drapeau gallois – un dragon rouge sur fond blanc et vert – le long du Victoria Park, à Swansea, pour fêter le cinquantenaire du statut de « cité » accordé à cette ville portuaire en 1969. Accompagné de responsables des organisations charitables sous son patronage, le prince se rend à la Morriston Tabernacle Chapel, édifiée en 1872. Il s'agit d'un lieu intéressant pour le futur « gardien de la foi » que sera Charles en accédant au trône car ce temple fut nommé « cathédrale galloise des non-conformistes », à savoir tous ceux – presbytériens et sectes calvinistes, baptistes et méthodistes, puritains – qui ne se conforment pas aux règles et usages de l'Église anglicane affirmés dans l'*Acte d'uniformité* de 1662. Nous savons que Charles, en matière religieuse, préfère l'œcuménisme, mais il n'est pas ici pour parler religion. Une main dans la poche de sa veste, il s'adresse à l'assistance en feignant de s'apercevoir soudain qu'il se trouvait dans ce même lieu cinquante ans plus tôt, jour pour jour. « Je ne sais pas ce qu'il en est pour vous, lance-t-il, mais moi je trouve difficile de savoir où sont passées ces cinquante années. »

Ce jour-là, à Camarthen, que certains historiens considèrent la plus ancienne cité galloise, Camilla salue les jeunes musiciens du Camarthen and District Youth Opera, dont elle assure le patronage. Elle se rend ensuite au marché de la ville, réputé comme l'un des meilleurs du principat. Camilla papote aimablement avec les marchands et la pâtissière qui a conçu le gâteau d'une réception du couple princier en 2005.

En fin d'après-midi, Charles se dirige vers le National Botanic Garden, dont il est, bien évidemment, le bienfaiteur. Cet endroit extraordinaire comprend une immense serre d'une audacieuse modernité et différents types de jardins. Le prince hume les fleurs et prend des nouvelles de la Banque nationale de graines du pays de Galles, gardienne des plantes indigènes en voie d'extinction.

Jeudi, peau de vache

C'est déjà jeudi, et sous le soleil matinal de New Tredegar, un village au sud du parc Brecon Beacons, Charles salue ceux qui l'attendent devant un vieux moulin à vent restauré en 2008 qui servait jadis à actionner la descente et l'ascension des mineurs de charbon. La question n'est pas posée des conséquences des jours de temps calme…

Puis le prince et son épouse se rendent à l'école, The White Rose Primary School. Le premier y rencontre les élèves les plus âgés qui étudient des matières scientifiques, la seconde va voir les plus jeunes et lit au micro de la station de radio de l'établissement un poème de Roald Dahl, écrivain gallois connu de tous les enfants anglophones pour être l'auteur d'un livre célèbre paru en 1964, *Charlie and the Chocolate Factory.*

Chacun part ensuite de son côté. Charles visite Llanover Estate, la maison d'Augusta Hall, baronne des lieux au XIXe siècle, qui fit beaucoup pour l'héritage celte et la sobriété des hommes en ouvrant une branche locale de la Société de tempérance et en fermant le pub situé sur ses terres. Penelope Fillon, épouse de l'ancien Premier Ministre français, a vu le jour dans ce village de Llanover, mais de cela, il ne fut pas question.

Camilla, pour sa part, passe au nouveau Maggie's Center de Cardiff, l'un des nombreux centres de ce réseau d'aide bénévole aux personnes atteintes d'un cancer, généralement installés au sein d'hôpitaux publics. Les patients y reçoivent des conseils de nutrition, un soutien psychologique, la visite de spécialistes. Toujours à Cardiff, la duchesse rencontre ensuite les militants de l'association Newpathways (« Nouveaux chemins ») qui aident chaque année quelque deux mille personnes de tous âges victimes de viols ou de violences sexuelles au Royaume-Uni. « Vous faites un travail merveilleux avec ces victimes, leur déclare-t-elle, je ne sais pas où elles seraient sans vous. »

Pour boucler sa journée, Charles rencontre une éleveuse de bovins, Hayley Hanson, à Maescoed Farm. Cette jeune femme a créé The Hayley Hanson Group, une entreprise produisant des objets en cuir, notamment des sacs à main, avec la peau de ses vaches et l'aide financière d'un fonds ouvert par Charles, The Prince's Countryside Fund Farm Resilience Program, qui aide les fermiers dans des régions reculées à faire face aux difficultés et à diversifier leur production.

Vendredi, un poète défunt et deux vieux marchés

Ce vendredi 5 juillet va clore la Wales Week 2019. Charles visite la maison natale du poète gallois Hedd Wyn, à Yr Ysgwrn[1], un lieudit au nord-ouest du pays de Galles. Soldat pacifiste, Wyn meurt le premier jour de la bataille de Passchendaele, en Belgique, le 31 juillet 1917. La jolie maison de pierres est restée dans la famille, et le neveu du poète, Gerald Williams, charmant octogénaire qui laisse toujours sa porte ouverte aux visiteurs, accueille le prince.

On retrouve ensuite ce dernier un peu plus au sud, au marché de Dollgelau, où sont rassemblés les participants à son Countryside Fund Farm Resilient Program. Puis, il assiste à un service religieux dans l'émouvante église du village de Mallwyd, dont les fondations datent du VIe siècle et où l'attend un chœur traditionnel, *plygain* en gallois, qui chante *a capella*.

1. Comme de nombreux noms gallois, celui-ci semble impossible à prononcer. Pour les anglophones, un site Wikibooks existe, Welsh/Pronunciation. Il semble très bien fait, mais n'est d'aucune aide pour ce Yr Ysgwrn. Voir https://en.wikibooks.org/wiki/Welsh/Pronunciation.

Et Charles repart au marché, celui de Machnylleth, plus au sud, saluer les commerçants. Avec son célèbre beffroi, la ville, ancienne capitale du pays de Galles, est le siège du parlement d'Owain Glyndwr, le dernier prince de Galles gallois, qui résista à l'invasion anglaise jusqu'à sa mort, en 1415.

L'urgence est ailleurs

Cette tournée au pays de Galles relève d'une aimable intention : mieux faire connaître aux Britanniques, et au reste du monde les lieux, les habitants et les productions du pays de Galles. Au cours de cette édition 2019, Charles a vu des soldats, des policiers, quelques fonctionnaires et des élus locaux, des travailleurs sociaux, des bûcherons, des infirmiers, des éleveurs, des fermiers, des marchands, un jardin botanique, une fabrique de sacs à main, des musiciens, des écoliers et des collégiens, le neveu d'un poète défunt, et la maison d'une baronne du XIXe siècle. Les personnes rencontrées par le prince ont été heureuses, sans aucun doute, d'échanger quelques mots avec lui, mais l'urgence n'est-elle pas ailleurs ? Le secteur des services, certains très pointus, qui désormais domine l'économie locale, a été largement ignoré, alors qu'un peu de publicité de la maison Windsor aurait été bienvenue. De même les questions sociales que pose le déclin de l'industrie dans la région, dont les friches au fond des vallées constituent les traces les plus visibles. Quant à l'agriculture et à la gestion des forêts, si chères au cœur du prince, leur place est désormais marginale dans l'économie locale. À l'exception de grandes villes comme Cardiff ou Swansea, le pays de Galles est à la traîne au sein du royaume. Selon le bureau des statistiques gallois, le taux de pauvreté s'y élève à 23 %. Cette nation aimable et campagnarde, ses ruines et ses églises que Charles a visitées en 2019, ne représentent pas le pays réel, dynamique dans certains secteurs, désolant dans d'autres. Pour Charles, cette semaine a reflété son amour de la ruralité et sa nostalgie des traditions perdues. Elle a aussi démontré son désintérêt pour les technologies d'avenir ou les emplois du futur. Et Matylda et Skie, deux jeunes filles de Caerphilly, se sentent abandonnées.

L'inconnu de Caerphilly

Par une belle journée d'août 2019, deux jeunes filles pique-niquent au pied de la statue du magicien Tommy Cooper, à Caerphilly, une petite ville au nord de Cardiff. L'une, Matylda, brune, un anneau dans le nez, vêtue de noir de la tête aux pieds, semble très heureuse de pouvoir enfin dire tout le mal qu'elle pense des politiciens en général et du prince Charles en particulier. Elle les met tous dans le même sac, dit-elle. Sa copine, une blonde prénommée Skie, porte une robe très décolletée, mais reste plus réservée que Matylda. « Je suis frustrée par la politique, lance cette dernière. J'avais seize ans lors du référendum sur le Brexit. Maintenant, je voudrais voter pour rester dans l'Union européenne et je ne vais pas pouvoir le faire. » Quant au prince Charles, ajoute-t-elle, « je ne le connais pas, je ne l'ai jamais vu, quand il vient au pays de Galles, il serre la pince aux autorités locales, mais aux Gallois lambda comme moi, rien, il ne va pas vers eux, juste un petit sourire, un signe de la main, et hop il disparaît dans une mairie ou dans sa voiture. Moi j'aurais bien aimé lui parler, lui dire que ce n'est pas facile pour les jeunes de trouver un bon travail ici ». Skie approuve son amie, jugeant que « le prince ne fait pas grand-chose pour les jeunes ». Pourtant, le Prince's Trust, une organisation charitable de Charles, s'occupe de jeunes gens en échec scolaire ou en marge de la société, les aidant à s'intégrer socialement et à trouver du travail par l'apprentissage. N'est-ce pas une bonne chose ? Les deux jeunes filles ne savent pas trop de quoi il s'agit. Skie étudie la coiffure, annonce-t-elle avec fierté. « Moi aussi », dit Matylda, qui ne veut pas quitter le devant de la scène. « Et j'étudie également l'installation d'échafaudages pour le bâtiment. » Peut-être existe-t-il un lien très ténu entre un échafaudage et certaines coiffures en pièces montées, mais ces deux sujets d'étude ne sont-ils pas très distincts ? « Oui, concède Matylda, mais de nos jours mieux vaut avoir plusieurs cordes à son arc. »

Désolant et peu animé

C'est sans doute vrai dans cette petite ville célèbre pour son immense château médiéval, son fromage, ses mines de charbon, et qui respire aujourd'hui la pauvreté. Une promenade sur White Street ou Van Road, les deux rues commerçantes locales, ne fait découvrir qu'un café servant des paninis, un livreur de pizzas, et de nombreuses *charity shops* qui vendent vêtements et objets de deuxième main au profit d'organisations charitables. Tout est triste, désolant, peu animé. On y croise un couple âgé, David et Sylvia, marchant bras dessus, bras dessous sur le trottoir de Van Road. Tous deux Gallois, ils n'ont ni idées précises sur ce que devrait faire Charles pour le pays, ni opinion ferme sur ce personnage un peu lointain incapable de freiner le déclin économique de la région. « Regardez Caerphilly, c'est une ville pauvre, malgré le château. Et que peut faire le prince ? Rien, que voulez-vous qu'il fasse ? » Pour David, Charles n'a aucun rôle à jouer non plus dans la grande affaire du Royaume-Uni qui agite tous les esprits au moment de cette rencontre : le Brexit. « Ici, dit-il, comme dans les autres zones rurales du pays, la majorité a voté *Leave* (pour « quitter » l'Union européenne), mais nous, ajoute-il en prenant son épouse Sylvia pour témoin, nous sommes vieux, enfants nous avons connu la guerre, et nous avons voté *Remain* (« rester » dans l'UE) parce que l'Union européenne nous a apporté la paix pendant soixante-dix ans. » Il relève le menton avec un grand sourire et lance : « Charles n'a pas son mot à dire là-dessus. Il n'a pas le droit d'en parler. »

Quand ce dernier a été intronisé prince de Galles, en 1969, il existait une opposition galloise indépendantiste et républicaine. Qu'en est-il aujourd'hui ? « Vous savez, dit Sylvia, nous les Britanniques, nous n'aimons pas beaucoup les révolutions. Nous sommes tous monarchistes. » « Même moi je le suis, avoue David. Ne me demandez pas pourquoi. »

« Un bon pays »

Dans ce vieux château de Caerphilly posé comme une île de pierres grises au milieu d'un étang, Charles avait organisé un grand dîner en juillet 2009 pour fêter le cinquantième anniversaire de son principat. Depuis, on ne l'a jamais revu par ici. On l'appelle, dit Sylvia, « l'inconnu de Caerphilly ».

Sur la rive de l'étang, Terry a posé ses lignes de pêche, mais aucun poisson ne s'agite dans son panier. Lui aussi gallois, ancien mineur à la retraite, il juge que le pays de Galles est un « bon pays » tout en déplorant qu'il y ait « trop d'automobiles et pas assez de places pour se garer ». Pour lui, le prince Charles « est comme tout le monde, il fait ce qu'il peut ». Puis il ajoute, sur un ton presque confidentiel, qu'un jour, il l'a vu, le prince, ici, à Caerphilly. Vous lui avez parlé ? Il éclate de rire, « Non ! » et agite la main. « Il m'a dit bonjour comme ça, et moi aussi. » Existe-t-il encore ici, comme au temps de l'intronisation du prince, une opposition républicaine ? « Non, répond Terry, c'est fini tout ça. » « Vous êtes donc monarchiste, vous aussi ? » Il retrousse la jambe gauche de son pantalon. Sur son mollet, le tatouage des armes du prince, trois plumes dans la couronne. « Oui, vous voyez ? »

Ce prince plein de bonne volonté, mais assez inopérant, cet « inconnu de Caerphilly », fait après tant d'années – un demi-siècle – partie du paysage gallois. Le 2 juillet 2018, Camilla et lui dévoilaient une plaque rebaptisant le pont jusqu'alors nommé Second Severn Crossing Bridge en Prince of Wales Bridge. Il s'agit d'un magnifique pont suspendu reliant l'Angleterre au pays de Galles, au-dessus de la large embouchure de la Severn, le fleuve le plus long du Royaume-Uni, l'antique frontière naturelle entre le pays des Gallois et celui des Anglais.

Le prince et son pont entre deux nations jadis ennemies, un symbole comme la monarchie les aime.

Le prince en kilt

Avec le temps, les mauvais souvenirs de Gordonstoun s'estompent. Charles non seulement ne dit plus de mal de sa vieille école, mais il lui trouve même, tardivement, quelques qualités. Surtout, il adore l'Écosse. Il y porte le titre de duc de Rothesay. Chaque année, il aime aussi les jeux du Braemar Gathering, qu'appréciait déjà la reine Victoria. Organisés vers la fin du mois d'août, ces jeux donnent généralement le départ d'une semaine écossaise analogue à la Wales Week du pays de Galles.

Le duc de Rothesay a son tartan, même s'il n'appartient à aucun des clans historiques d'Écosse. Comme toute la famille royale, il fait faire ses kilts chez Kinloch Anderson, à Édimbourg. Officiellement, les couleurs des siens s'intitulent Duke of Rothesay Ancient Hunting Tartan, mais il aime également le kilt de son grand-père George VI, le Royal Hunting Stewart. En fait, il en porte de nombreux autres, en fonction de son humeur, d'un village qu'il visite, d'un hommage à un clan, ou peut-être parce qu'il s'accorde à la couleur de son pull ou de ses chaussettes du jour.

Le bonheur à Balmoral

Depuis son enfance, Charles passe l'été avec ses parents dans le château de Balmoral, une gigantesque bâtisse achetée par la reine Victoria et son mari, le prince Albert, reconstruite et agrandie entre 1853 et 1856 selon le style des manoirs écossais de l'époque. Ce château est posé au cœur d'un immense domaine de quelque 20 000 hectares composés de plaines arables et de montagnes que traverse la rivière Dee. On y trouve, notamment, des vaches Highland au poil roux, des poneys, des cerfs et des *grouses*. En 1980, Charles écrit un conte pour enfants, « The Old Man of Lochnagar[1] », l'histoire d'un vieil ermite en robe de chambre écossaise qui cherche à chauffer l'eau de sa baignoire dans une grotte du Lochnagar, une montagne dominant l'horizon de Balmoral.

Le domaine se trouve dans le Cairngorms National Park, 4 500 kilomètres carrés d'une nature protégée, un lieu splendide à l'air délectable. Quel que soit son kilt et quel que soit le temps, Charles y est heureux, chassant la *grouse*, pêchant à la mouche dans la Dee, ou marchant à travers le domaine, émerveillé par la nature, le silence et la beauté de la forêt de pins calédoniens, un chevalet pliant sous le bras pour réaliser quelques aquarelles du paysage. Au seuil de l'adolescence, son père lui apprend à tirer et à pêcher, et l'autorise à suivre les rabatteurs lors des chasses au cerf. À Balmoral l'été, à Sandringham l'hiver, Charles éprouve les premiers émois que suscite chez lui la nature.

Le goût du whisky

C'est en Écosse aussi que le jeune Charles but son premier verre d'alcool, du moins publiquement, et ce fut un scandale dont le prince garde un amer souvenir. Encore

1. Londres, Hamish Hamilton, 1980. Illustré par Hugh Casson.

élève à Gordonstoun, il se trouvait engagé dans une randonnée « platonicienne » sur l'île de Stornaway avec quelques camarades, quand il s'aperçut que des journalistes les suivaient. Il décida de les semer en courant vers un village au cœur duquel trônait un pub. Au jeune âge de seize ans, il y entra. Le patron lui demanda ce qu'il voulait boire et il répondit, après un instant d'hésitation : un *cherry brandy*, un alcool de cerise. Pour son malheur, une journaliste était assise au bar et le « scandale du *cherry brandy* » s'étala deux jours plus tard en une de tous les journaux. Buckingham démentit la nouvelle, puis finalement l'admit, et limogea le fidèle garde du corps de Charles, avec lequel il s'entendait bien, une décision que le prince jugea très injuste. Plus tard, le whisky sera son alcool préféré, peut-être sous l'influence de son père, Philip, qui ne partait jamais chasser sans sa gourde remplie de Glenfiddish. À deux pas du château de Balmoral, une distillerie produit un très honnête whisky, The Royal Lochnagar Single Malt Whisky, apprécié par le prince Albert, le mari de la reine Victoria. Elle est aujourd'hui la propriété de Diageo, le géant anglais des boissons dont l'abus nous est déconseillé. Les experts suggèrent le douze ans d'âge, les amateurs le boivent sans glaçon.

Atterrissage raté sur l'île d'Islay

Charles a aimablement visité cette distillerie en 1998, célébrant le 150e anniversaire du passage d'Albert, mais le Lochnagar n'est pas sa tasse de thé, si on peut le dire ainsi. Il préfère le Laphroaig, un *single malt* très tourbé de l'île d'Islay, dans les Hébrides. En juin 1994, il visitait cette distillerie, mais la presse a parlé d'autre chose. Aux commandes d'un BAe 146 de la Royal Air Force, le prince, ce jour-là, crasha son avion lors d'un atterrissage trop rapide et trop tardif compte tenu des vents violents sur l'aéroport. Cet appareil, un moyen-courrier doté de quatre réacteurs, peut embarquer cent onze personnes dans sa version civile.

Heureusement, l'accident n'eut aucune conséquence grave. L'avion, qui n'était occupé que par six membres d'équipage et cinq passagers, ne s'est pas disloqué et n'a pas pris feu. Il est simplement sorti de la piste pour se planter dans la boue.

À la suite de cette péripétie, le prince décida d'arrêter de piloter, mais non de boire. Quand il skie ou quand il chasse, Charles porte toujours une flasque de Laphroaig dans l'une de ses poches.

Le mélange du prince

Son amour du whisky, peut-être en partie responsable de ses joues rosies, a conduit Charles à créer pour la distillerie Barrogill un whisky *blend*, c'est-à-dire composé de plusieurs autres, et a signé ce mélange de son nom. Le Barrogill Blended Highland Malt Whisky, 70 cl et 40° d'alcool, se vend à moins de trente euros. On ne connaît pas la part des bénéfices du prince, ni celle des anges, mais le site web Master of Malt[1], qui ne semble pas s'inquiéter du fait que ce *blend* constitue une intrusion dans les Highlands, paradis des *single malt*, en fait une critique élogieuse. Il y est question d'un nez avec notes d'herbes et de fumée, d'un palais d'orge malté, de miel et de cake aux fruits, bref, l'habituel gospel fleuri des goûteurs, qui semble aussi fumeux qu'un article sur les intentions d'un peintre auteur d'un tableau abstrait.

Le refuge de Birkhall

Sur le domaine de Balmoral se trouve également le manoir de Birkhall, vieille et élégante demeure construite en 1715 au bord de la rivière Muik, à un quart d'heure en Bentley Flying Spur du château, acheté lui aussi par Albert et Victoria. Après le couronnement d'Elizabeth II,

1. Voir https://www.masterofmalt.com.

il devient la résidence écossaise de la reine mère, dans les bras de laquelle le jeune Charles se réfugie souvent quand il quitte Gordonstoun, le week-end.

Tous les deux s'entendent très bien. Pour le prince, sa grand-mère est la personne la plus affectueuse de toute la famille. Elle le console, écoute ses histoires, le fait rire. À sa mort, en 2002, la reine mère lègue Birkhall à Charles, qui en fait sa résidence écossaise. Ce château et les montagnes qui l'entourent apparaissent dans le film de Jonathan Dimbleby tourné après le divorce de Charles et Diana. On y voit le prince et ses deux fils qui semblent très heureux ensemble. Plus tard, c'est ici que Charles et Camilla passeront leur lune de miel, après leur mariage.

La résurrection de New Cumnock

Dans ses veines princières, Charles peut revendiquer quelques gouttes de sang écossais venues de son arrière-grand-père – père de la reine mère – Claude George Bowes-Lyon, quatorzième comte de Strathmore et Kinghorne. Charles, donc, est ici chez lui, où il répond au nom de duc de Rothesay, mais aussi de comte de Carrick. Et c'est dans ce comté de Carrick, dont l'économie reste anéantie depuis la fermeture des mines et des manufactures, dans les années 1970, que Charles décide un jour de se faire plaisir et d'aider ses sujets. Tout commence en 2007, quand il apprend qu'une belle et auguste demeure, Dumfries House, cherche preneur. Elle est située près du village de New Cumnock, connu pour sa situation si désolante qu'il a été baptisé dans un article de presse de « pire endroit où vivre dans le pays ». Ce village s'étale pourtant au cœur d'un paysage époustouflant et la Palladian House, construite en 1750 pour le comte de Dumfries, a fort belle allure et peut être achetée avec ses meubles et ses antiquités. Toujours sensible aux vieilles demeures, Charles ne peut résister à la tentation. « Il voit l'occasion de sauver cette maison et de soutenir la communauté qu'il entend servir », écrit Robert Jobson, l'auteur d'un livre, *Charles at Seventy*, assez révérant à l'égard de son sujet qu'il suit depuis des décennies comme *royal journalist* de l'*Evening Standard.*

Le prince, pardon, le duc, non, le comte de Carrick, met sur la table 20 millions de livres et en rassemble 25 autres à travers plusieurs mécénats sous son contrôle ou bienveillants à son endroit, ce qui lui permet d'acquérir la maison aussitôt rebaptisée Dumfries Estate. Mais pour quoi faire ?

Pour revitaliser ce lieu en déshérence, affirme Jobson, qui assure que l'achat de la vieille demeure a changé l'atmosphère et l'économie de New Cumnock et de sa région. Dumfries Estate a formé et employé de jeunes locaux pour rénover la maison et en bâtir de nouvelles sur le domaine afin de les louer à des touristes. D'autres jeunes sont devenus jardiniers et ont aménagé les terres, jardins, potagers, plantations. Des cuisines ont été construites pour apprendre à des chômeurs l'art des maîtres-queux. Aujourd'hui, les enfants des écoles vont régulièrement découvrir sur les terres du Dumfries Estate que les légumes sortent de la terre et que ce sont de bonnes choses à manger. La maison principale se loue pour des mariages ou cérémonies, ce qui donne du travail aux habitants engagés pour l'accueil, la cuisine, le service. Une salle de sports a été construite, elle aussi à louer, de même que des logements collectifs pour scouts et guides effectuant quelque jamboree dans la région. Les profits ainsi réalisés couvrent les frais de restauration et d'aménagement du domaine.

Quand Jobson a visité de nouveau l'endroit, en septembre 2018, il a découvert une nouvelle piscine communale, des logements sociaux récents, une mairie (plus précisément un *community hall*), jadis vouée à la démolition, aujourd'hui rénovée dans son charme ancien et dotée d'un cinéma. Dumfries Estate est devenu le deuxième employeur local, avec une équipe de deux cents personnes à plein temps. Même si des problèmes demeurent, Charles, par son audace, son entregent et sa détermination, a ressuscité une région en détresse, estime Jobson. « Cette histoire, écrit-il, est exemplaire de ce que fait le prince et de ce qu'il est. »

Cornouailles et tiroir-caisse

Charles n'est pas seulement prince de Galles ou seigneur des îles, mais aussi duc de Cornouailles, et là, attention, nous entrons dans le coffre-fort du prince.

Impossible de l'accuser d'être un « nouveau riche ». Les origines de sa fortune remontent à l'an 1337, quand le roi Édouard III créa un fonds destiné à assurer l'indépendance financière de son héritier. La charte de ce fonds établit que chaque nouveau duc de Cornouailles doit être le fils survivant le plus âgé du monarque et l'héritier du trône. Depuis, de génération en génération, ce fonds a été fort bien géré. Ce qui explique que Charles devient, au jeune âge de vingt et un ans, l'héritier d'une fortune considérable, qu'il réussit lui aussi à faire fructifier, parfois par des voies peu recommandables, comme de juteux placements dans des paradis fiscaux[1] mis au jour par les *Panama Papers*. Les revenus de ce fonds servent à financer les dépenses personnelles, publiques et charitables du prince de Galles et de ses deux enfants.

1. Sa mère a fait de même avec son fonds du duché de Lancastre, plus important encore que celui de Cornouailles.

Plus de 20 millions de livres pour Charles

Selon le dernier rapport du duché (*Duchy of Cornwall Integrated Report 2020*) dont les comptes s'arrêtaient fin mars 2020, ce fonds gère près d'un milliard de livres (909 millions après impôts) qui génère un revenu annuel de 22,3 millions de livres pour le prince. Ce dernier paye « volontairement » un impôt sur le revenu qui s'est élevé en 2019 à 4,7 millions, impôt qu'il peut minorer grâce à de nombreuses déductions sur ses dépenses de représentation et de personnel. Il loue Highgrove au duché, qui en est le propriétaire, et récupère au bout du compte ce loyer sur les bénéfices du duché, selon l'ancien ministre Norman Baker, cité par le magazine *Daily Beast*. Chaque année, le Duchy publie ses comptes dans son *Integrated Report* cité plus haut, mais le National Audit Office, l'équivalent de notre Cour des comptes, n'y a pas accès.

Les biens du Duchy dépassent grandement la frontière des Cornouailles. On les trouve dans 23 comtés d'Angleterre et du pays de Galles, et ils incluent 52 750 hectares de terre, mais aussi des rivières et leurs rives, des estuaires et des côtes maritimes, 2 360 hectares de bois et forêts, des terrains constructibles ou arables d'une valeur de 53 millions de livres, et 291 millions de livres de propriétés immobilières. Parmi ces dernières, on trouve notamment des maisons dans les îles Scilly qui appartiennent au Duchy depuis le XIVe siècle et dont les occupants ne peuvent être que locataires avec des baux ne dépassant pas, dans le meilleur des cas, quatre-vingt-dix-neuf ans. On y trouve aussi de vieux châteaux dont certains ont été restaurés, des cottages à louer en Cornouailles, un ensemble immobilier important à Nansledan, également en Cornouailles, la ville nouvelle de Poundbury qui joue les anciennes, dans la banlieue de Dorchester, des maisons, des immeubles, et l'Ovale, un célèbre terrain de cricket à Kennington, dans le sud de Londres.

Deux propriétés du prince

Les actifs immobiliers les plus notables de ce fonds sont deux propriétés du prince, celle du pays de Galles, Llwynywermod, et Highgrove, sa résidence secondaire préférée, une très belle maison de la fin du XVIIIe siècle dans le Gloucestershire, à Doughton, près de Tetbury, entourée d'un jardin sur lequel nous reviendrons. Le duché gère également les biens entourant le manoir, soit 475 hectares de fermes et de terres championnes de l'agriculture bio. Enfin, il faut mentionner un parc immobilier commercial, notamment à Milton Keynes, Londres, Reading, et en Cornouailles.

Ces nombreux actifs du fonds donnent au comté des Cornouailles le privilège de recevoir souvent la visite du prince. Arborant son titre de duc, Charles et sa duchesse Camilla enchaînent, après la Wales Week du pays de Galles, une petite semaine (trois ou quatre jours) annuelle dans les Cornouailles et le Devon.

Les biscuits bio

Les Cornouailles ont également été le théâtre d'une entreprise commerciale du prince dont le succès actuel n'est plus vraiment le sien, même s'il en tire toujours quelques profits. Tout a commencé en 1990, quand Charles décide de commercialiser des biscuits d'avoine biologiques, sous le label « Duchy Originals », dans une boutique ouverte sur les terres de sa propriété de Highgrove et dans quelques maisons prestigieuses telles Harrods et Fortnum & Mason, à Londres. Rapidement, les ventes de ces biscuits s'étendent aux épiceries de luxe indépendantes des villes et villages, jusqu'au jour où la dimension de l'entreprise change radicalement. La gamme des biscuits est élargie, ainsi que le nombre d'agriculteurs travaillant pour l'entreprise, et Duchy Originals se retrouve dans les gondoles de la chaîne de supermarchés Waitrose, qui en devient le plus grand distributeur. Tout va très bien pour Charles et sa Prince of Wales Charitable Foundation, principale destinataire des profits tirés de ces ventes. Jusqu'à la crise financière des années 2008-2009. Le chiffre d'affaires, qui avait tourné au plus haut à 7 millions de livres, ne s'établit qu'à 4,06 millions en 2008 et à 2,2 millions en 2009. Entre ces deux mêmes années, l'entreprise passe de 57 000 livres de profits à une perte de 3,3 millions de livres.

Charles négocie alors avec Mark Price, le directeur général de Waitrose, qui sent croître l'intérêt pour les produits bio au sein de la classe moyenne aisée, l'essentiel de la clientèle de sa chaîne de 214 supermarchés. Il apprécie Charles et préside le conseil d'administration d'un nouveau fonds créé en 2010, The Prince's Countryside Fund, dédié à l'aide aux agriculteurs et aux fermiers. Enfin, il juge que Duchy Originals a joué un rôle de pionnier dans le domaine des aliments bio que les Britanniques appellent *organic*. Même si les temps sont durs, une marque comme celle-ci a de l'avenir, pense Price. Dès lors, un accord de licence et de distribution se trouve vite conclu, qui donne à Waitrose l'exclusivité des produits de la marque, rebaptisée Duchy Originals from Waitrose. L'entreprise s'engage à verser chaque année 1 million de livres à la Prince's Charity Foundation. Tout le monde est satisfait : Charles, sa fondation, les agriculteurs produisant pour la marque qui, malgré son nouveau nom, conserve comme emblème les armes du duché. Quant à la chaîne de magasins Waitrose, elle s'installe durablement dans le secteur du bio en élargissant la gamme de ses produits. Charles garde des liens étroits avec l'entreprise qui a installé à Poundbury l'unique supermarché de ce village surnommé « Charlieville » pour être construit selon les préceptes architecturaux du prince.

Australie

Depuis son séjour de collégien à Timbertop, Charles reste amoureux de l'Australie où il aurait volontiers vécu pendant quelques années, quand il était question de nommer le jeune prince en attente d'un métier gouverneur de ce lointain pays du Commonwealth.

En avril 2018, Charles entamait son seizième voyage en Australie depuis Timbertop. Le premier eut lieu un an à peine après qu'il a quitté cette école. Le matin du 22 décembre 1967, il arrivait à Melbourne, à bord d'un avion de l'armée de l'air australienne, accompagné du Premier Ministre travailliste Harold Wilson et du chef de l'opposition, le conservateur Edward Heath. Le prince de Galles représentait la reine aux obsèques du Premier Ministre Harold Holt, disparu le 17 décembre au large de Cheviott Beach, dans l'État de Victoria.

Baiser volé

À l'avenir, un dix-septième voyage aura probablement lieu, et d'autres encore, dans ce pays toujours bien-aimé, même s'il se révèle parfois rétif à conserver un système monarchique. Depuis longtemps diplomate officieux du royaume, Charles juge essentiel de maintenir l'Australie – quand bien même deviendrait-elle un jour républicaine –, dans une relation proche avec le Royaume-Uni, et de la voir continuer à jouer un rôle majeur au sein du Commonwealth en ces temps de Brexit.

Il s'agit donc pour Charles d'un lien politique, mais aussi sentimental. L'Australie occupe une large place dans son cœur. Certains souvenirs s'imposent, comme en 1979 cette jolie jeune femme en bikini sur la plage de Cottesloe, à Perth, qui se dirige vers le prince sortant de l'eau et lui vole un baiser. Et cet autre, plus dramatique, en 1994, d'un jeune homme de vingt-trois ans qui tire à blanc sur le prince avec un pistolet de départ de course. Dans ce beau pays des antipodes, Charles a emmené ses deux épouses, Diana en 1983, 1985, 1988, Camilla en 2012, 2015, 2018. Il s'agit donc pour lui d'une longue histoire avec l'Australie, où se mélangent des considérations politiques et diplomatiques ainsi que le plaisir de retrouver un pays apprécié depuis l'adolescence.

Le bébé William aux antipodes

Le premier voyage du prince et de Diana est resté mémorable. Les Australiens sont tombés sous le charme de la jeune princesse, de son élégance, sa beauté, ses jolis chapeaux préservant sa blanche peau du soleil des antipodes. Ils ont aimé aussi que le bébé William soit du voyage, exposant lors d'un déplacement officiel la tendresse intime d'un jeune couple à l'égard de son premier enfant. Avec Camilla, la sympathie l'a emporté sur l'admiration. Les Australiens ont été charmés par la bonne humeur et le naturel de la duchesse de Cornouailles, pieds nus sur une plage du nord du pays. Son entrain s'est révélé contagieux, tant sont nombreuses les images de Charles rigolard et heureux à ses côtés.

Simplicité joyeuse et amicale

Moins austère, moins hautain, plus aimable que le couple que formaient en autrefois le prince de Galles et la princesse Diana, Charles et Camilla ont montré une simplicité joyeuse et amicale à l'égard des Australiens et de leur pays. Tous deux ont exposé leur gourmandise à table et le bonheur d'être là. Charles, qui n'a peur de rien en matière de déguisement, s'est retrouvé coiffé d'une sorte de bonnet de plumes blanches porté par ses hôtes aborigènes qui l'avaient invité, pour son plus grand plaisir et sa curiosité spirituelle, à une cérémonie religieuse.

Avec l'aide essentielle de Camilla, le prince a jusqu'à présent réussi à rester le bienvenu en Australie. Il y déploie, comme ailleurs, sa maîtrise de la diplomatie du *soft power*.

Chez Dracula

Le voïvode Vlad III Basarab, né au XVe siècle en Valachie, surnommé « l'Empaleur » et « Drăculea » (« Fils du dragon »), l'homme qui a inspiré le roman *Dracula* de l'écrivain irlandais Bram Stoker, publié en 1897, serait un lointain ancêtre du prince Charles.

C'est ce dernier qui l'affirme, avec un brin d'ironie vu la réputation de ce sinistre aïeul, incitant à ne pas prendre cette information au pied de la lettre lorsqu'il réclame sur le ton de la blague sa « part d'héritage » en Roumanie. Mais, après tout, son arrière-arrière-grand-mère était née en Roumanie et la petite-fille de Victoria, Marie de Saxe-Cobourg-Gotha, devint reine consort du pays après son mariage, en 1893, avec le prince Ferdinand Hohenzollern-Sigmaringen, héritier de la couronne et neveu du roi Carol Ier.

Peu importe Dracula, ce pays enchante le prince de Galles depuis sa première visite en Transylvanie en 1997, et il y revient au moins une fois par an, au point d'y avoir acheté, à partir de 2008, plusieurs vieilles demeures : à Viscri, un village dans le district de Mures doté d'une extraordinaire église fortifiée, à Valea Zălanului, dans la région de Covasna, à Mălâncrav, un bourg au cœur de la Transylvanie roumaine doté lui aussi d'une magnifique église fortifiée, à Breb, au nord, près de la frontière avec l'Ukraine.

Une ruralité sans chimie

La Roumanie lui plaît surtout pour son côté rural et, disons-le, un tantinet archaïque, avec des ours dans les forêts et des bœufs tirant des charrues, comme si le tracteur et la moissonneuse-batteuse n'avaient pas encore été inventés. Mais les prairies regorgent de fleurs au printemps, tout comme les espèces de papillons, considérablement plus nombreuses qu'au Royaume-Uni. C'est cette ruralité pure et sans chimie, fût-elle un peu moyenâgeuse, qui bouleverse le cœur du prince, chantre de l'Harmonie.

En 2015, Charles crée une fondation, The Prince of Wales' Foundation Romania, destinée à préserver l'héritage agricole et artisanal de la Roumanie. Son siège se trouve dans une jolie ferme restaurée aux murs peints d'un bleu vif, dans le petit village perdu de Viscri, peuplé de 120 habitants et d'un nombre non négligeable de poules et de canards qui zigzaguent dans les rues pavées.

« La dimension spirituelle des paysages cultivés »

Le 29 mai 2017, à Cluj-Napoca, une petite ville à l'ouest du pays, Charles recevait le titre de docteur honoris causa de l'université Babes-Bolyai. Après une brève salutation dans la langue du pays, il en profita pour expliquer les raisons de son attrait pour cette nation. « On me demande souvent ce qui m'attire en Roumanie, et la réponse est simple : vous, mes amis roumains, votre patrimoine culturel, votre nature, vos traditions, mais aussi vos capacités à innover et à vous adapter au changement. Ce que vous êtes, après des siècles d'histoire – votre identité, votre potentiel, toute l'énergie que vous pouvez déployer pour changer les choses. Voilà ce qui vous rend si particuliers au sein du vaste monde. »

Mais Charles a beau vanter les talents d'innovation des Roumains, c'est surtout ce qui ne change pas chez eux qui le séduit. « Il est rare, voire unique en Europe, de découvrir à une si large échelle une campagne productive et si bien préservée », poursuit-il avant de souligner que les petites fermes enregistrent, selon plusieurs études européennes, une meilleure productivité à l'hectare que les grandes. « Nous, le reste du monde, avons quelque chose à apprendre de ces paysages cultivés de Transylvanie. Ils ont une dimension spirituelle, mais aussi sociale, économique et écologique. Est-ce important, dans ces temps cyniques, obsédés par l'efficacité et la facilité ? Oui, c'est important, parce que l'essentiel, dans ces paysages, réside dans le fait que l'homme y vit en harmonie avec la nature. »

Ragoût de porc et fromage de Cund

Avec son église fortifiée, aux murs blancs de chaux et hérissée de tourelles, le village de Viscri reçoit chaque été un nombre de touristes soixante fois supérieur à celui de ses habitants, nous dit le site local Romania-Insider.com. Quand le prince n'est pas là, la propriété qui abrite sa fondation, sans télévision ni connexion à Internet, devient maison d'hôtes. Le magazine britannique *House & Garden* juge qu'il s'agit là d'une bonne affaire : « Le prince Charles possède une auberge en Roumanie et vous pouvez y séjourner pour moins de cent livres la nuit. » À l'intérieur, on découvre des meubles rustiques, des rideaux brodés, des tapis colorés sur des parquets de bois, des fauteuils profonds et une grande cheminée. On peut y dîner et déguster, arrosé d'un capiteux vin rouge local, un ragoût de porc Mangalita, une espèce indigène connue pour la saveur de sa viande. On peut aussi y goûter un fromage artisanal, comme ceux qui sont produits à Cund ou dans la région de Bratsov par des fermiers soutenus par la fondation du prince. L'intendance et les réservations sont l'affaire d'un aristocrate hongrois d'origine roumaine revenu dans son pays après l'effondrement des régimes socialistes d'Europe centrale, le comte Tibor Kálnoky. Ami de Charles, il l'a accueilli lors de la première visite du prince en Roumanie et lui a fait découvrir les beautés cachées de la campagne de Transylvanie où vivait jadis Dracula, son terrifiant « ancêtre ».

Charles, la France, ses guerres et ses fromages

Le 30 novembre 2015, tout de bleu vêtu, sa Légion d'honneur à la boutonnière, Charles vient participer au Bourget, près de Paris, à l'ouverture de la COP21, la 21e conférence sur le climat, rassemblant les 195 pays, plus l'Union européenne, signataires de la Convention des Nations unies sur les changements climatiques (COP signifie *Conference of Parties*, lesquelles parties sont les signataires de cette convention). Laurent Fabius, ministre des Affaires étrangères et maître de cérémonie, accompagné de Ségolène Royal, ministre de l'Écologie, saluent tous deux le prince. Il serre la main du ministre et baise celle de Ségolène, qui semble émue par ce geste.

À cette occasion, Charles prononce un court discours dans lequel il affirme qu'en « perturbant le climat nous devenons les architectes de notre propre destruction. La planète peut survivre à la sécheresse de la terre et à la montée des eaux. Mais les êtres humains, non ».

L'odorant pont-l'évêque

Ce premier discours ne sera pas le plus mémorable de sa journée. Après son passage au Bourget, il se rend à l'Institut de France pour y recevoir le prix François-Rabelais, qui lui a été décerné un an plus tôt par la Fondation européenne pour le patrimoine alimentaire. On honorait ainsi son engagement en faveur de l'agriculture bio. Pour l'occasion, il sortit un papier de sa poche et fit, dans un français un peu hésitant, l'éloge de nos fromages, évoquant les mérites de « l'odorant pont-l'évêque » et du « robuste roquefort ». S'y ajouta une vive et verte critique de « l'obsession des autorisations, des catégories, de l'homogénéisation et de la pasteurisation ».

Le prince anglais a ensuite déclaré s'inquiéter des directives de la Commission européenne qui pourraient dénaturer la saveur de nos fromages français. « Dans une société bactériologiquement correcte, dit-il, que deviendront le brie de Meaux, le crottin de Chavignol ou le bleu d'Auvergne ? Dans un avenir libre de microbes et génétiquement programmé, quel espoir reste-t-il pour la fourme d'Ambert démodée, le gruyère de Comté mal formé ou l'odorant pont-l'évêque ? Allons-nous voir l'émasculation du robuste roquefort, du camembert, du reblochon et même de l'omniprésent vacherin ? » Cette tirade déclencha un tonnerre d'applaudissements.

Les collèges de la paix

Le prince aime la France, un penchant réciproque. Il est honoré de la Grand-Croix de la Légion d'honneur, et porte également les insignes de commandant de l'ordre du Mérite agricole. Il aime aussi parler le français, qu'il a étudié, mais ne pratique guère. En 1978, il commet son premier discours en français, non pas en France, mais au pays de Galles, à l'Atlantic College, quand il devient président du réseau des United World Colleges (UWC), fondé en 1962 et inspiré par Kurt Hahn, créateur de l'école du château de Salem, en Allemagne, puis de Gordonstoun, en Écosse. L'idée était alors, en pleine guerre froide, de rassembler des jeunes de seize à dix-neuf ans et de différentes nationalités afin de présenter un idéal juvénile de la paix dans le monde.

La commémoration des morts

Charles vient régulièrement nous rendre visite dans l'Hexagone, et depuis longtemps. D'abord seul, comme à Bordeaux en 1977 pour inaugurer avec Jacques Chaban-Delmas, alors député-maire de la ville, une grande exposition de peinture anglaise ; ou en 1992, pour visiter le château de Saint-Germain-en-Laye, qui abrita Jacques II, en latin Jacobus, cousin de Louis XIV et roi anglais en exil, avec ses soutiens qu'on appelait les jacobites. En 1992, il faisait déjà l'éloge de nos fromages et une véhémente critique des règlements hygiénistes européens, un discours qu'il va recycler devant l'Institut de France, en 2015. Parfois, Charles est venu en France avec Diana, comme en 1987, quand le couple est reçu au Festival de Cannes. Le prince y chante les charmes du cinématographe anglais tandis que la princesse de Galles donne l'impression d'avoir envie d'être ailleurs. Le 11 novembre 2008, il se fait accompagner par Camilla pour une cérémonie poignante à Douaumont, à laquelle le couple assiste en compagnie du président Nicolas Sarkozy et son épouse, Carla Bruni. Ce lieu de mémoire se situe dans la Meuse, près de Verdun, où neuf décennies après la fin de la Grande Guerre, un ossuaire rassemble les restes de 130 000 soldats inconnus.

Le 5 juin 2014, voici Charles et Camilla sur le Pegasus Bridge de Bénouville, en Normandie, où ils félicitent d'anciens combattants britanniques ayant participé au débarquement du 6 juin 1944. En avril 2017, Charles et ses deux fils, William et Harry, participent à la commémoration de la bataille de la crête de Vimy, dans le Pas-de-Calais. Le site, dominant la plaine de Lens et fortifié par l'armée allemande, fit l'objet de multiples attaques infructueuses. Le 9 avril, les troupes de l'Empire britannique – principalement composées des quatre divisions du Corps expéditionnaire canadien – unissent leurs forces, passent à l'assaut, et prennent la place au prix de plusieurs milliers de morts.

En mai 2018, Camilla et Charles sont à Nice pour rendre hommage aux victimes de l'attentat du 14 juillet 2016, puis on les retrouve à Lyon, où ils célèbrent les résistants de la Seconde Guerre mondiale, mais aussi, et de façon plus joyeuse, la gastronomie lyonnaise.

Charles ne semble traverser la Manche que pour y célébrer nos guerres du siècle dernier, au cours desquelles sont morts des soldats du royaume et de l'ancien empire, dont il fleurit les tombes. Mais qu'en est-il des plaisirs de la « douce France », si toutefois celle-ci existe encore ? Quand il se rend chez nous, accomplit-il un devoir d'ordre diplomatique, ou y trouve-t-il une satisfaction indicible ? Ce prince insulaire, aimable gentleman-farmer, ce buveur de thé, cet amateur de whisky et de *fifty-fifty* (50 % de gin, 50 % de Martini, un zeste de citron) apprécie-t-il nos vins, nos foies gras, nos cafés, nos chocolats noirs, nos millefeuilles ? Aime-t-il vraiment notre « odorant pont-l'évêque », nos paysages, les toits de tuiles roses de Provence, la cathédrale d'Albi, la grand-place d'Arras ? Connaît-il les peintures de Soulages, les romans de Houellebecq, les *Essais* de Montaigne, les chansons de Serge Gainsbourg et, adolescent, trouvait-il Françoise Hardy sexy ? Bref, nous aime-t-il vraiment ? Je ne sais pas pourquoi, mais j'en doute un peu.

Huitième partie

ACTIVISME ET BIZARRERIES

L'idiosyncrasie princière

Le prince a un point commun avec le reste de l'humanité. Il mange, il boit, il dort. La comparaison s'arrête là.

Paul Burrell, un ancien valet de chambre de la princesse Diana, interviewé en 2013 dans un documentaire d'Amazon[1], raconte qu'un domestique de Clarence House, la résidence londonienne de Charles, étale chaque matin au réveil du prince deux centimètres de dentifrice sur sa brosse à dents et lui fait couler un bain d'eau tiède. Pendant ce temps, comme tous les jours, son pyjama est lavé et repassé, ses lacets de chaussures également repassés avant que le prince se chausse. « À chacune de ses nombreuses sorties pour tenter de comprendre comment vivent les gens les plus pauvres de la société britannique, Charles a deux domestiques, payés par l'État, pour l'aider à s'habiller[2] », déclare Anthony Holden, l'un de ses nombreux biographes.

1. *Serving the Royals: Inside the Firm*, Amazon Prime.
2. Cité dans un documentaire intitulé *The Madness of Prince Charles* (« La folie du prince Charles ») que l'on peut voir sur YouTube : https://www.youtube.com/watch?v=R-gUy3X29vc.

Un cri d'effroi dans la cuisine

Tom Bower, lui aussi auteur d'un livre sur Charles[1], affirme que le prince peut changer de tenue vestimentaire jusqu'à huit fois par jour et souligne que sa vie quotidienne est gérée par une multitude de « valets de chambre, de majordomes, de cuisiniers, de secrétaires, de jardiniers et de chauffeurs ». Environ cent vingt-cinq personnes s'occupent du confort et du bien-être de Charles et de Camilla à Clarence House.

Entouré d'une domesticité si nombreuse, le prince semble ne pas bien connaître les réalités ménagères familières au commun des mortels. Bower raconte qu'une nuit Camilla entendit Charles pousser un cri d'effroi dans la cuisine. Il avait ouvert le réfrigérateur en quête des restes d'un repas et fut horrifié en voyant les aliments recouverts d'une étrange matière transparente. Inquiète, Camilla descendit le voir. « Qu'est-ce que c'est ? », lui demanda Charles, nerveux. « Un film plastique, chéri », répondit son épouse.

Des œufs cuits trois minutes

Selon Darren McGrady, ancien cuisinier de la famille royale[2], le prince de Galles suit une routine stricte en matière de repas. Le petit-déjeuner lui est servi chaque matin sur un plateau d'argent où l'attendent un mélange de germe de blé et de graines de céréales, du miel, des confitures et quelques fruits. Il boit du thé Darjeeling et aime aussi les œufs, à condition qu'ils soient bio et cuits seulement trois minutes. Pour être sûrs de la satisfaction du prince, très maniaque, ses cuisiniers lui en préparent une demi-douzaine, lui réservant ainsi la possibilité du choix.

---

1. *The Rebel Prince*, *op. cit.*
2. Cité dans *The Daily Express*, 2 avril 2019.

Dès 8 h 30 au travail

Après son petit-déjeuner, quand son emploi du temps ne prévoit ni visite à l'extérieur, ni cérémonie, ni voyage – ce qui est assez rare –, Charles s'assied à son bureau toujours à la même heure, 8 h 30. Il se consacre à sa correspondance pendant deux heures avant de présider quelques réunions de travail avec son staff.

Charles, c'est une évidence, travaille beaucoup. Il préside près d'un demi-millier d'organisations charitables, voyage dans le royaume et dans le reste du monde, représente la reine lors de nombreuses cérémonies. Tous les hôtes de marque étrangers de passage à Londres sont priés de rendre une visite de courtoisie au prince en sa demeure de Clarence House. Depuis qu'il assume – sans en porter le titre – la fonction de régent de la reine en raison du grand âge de celle-ci, Charles rencontre aussi en tête à tête le Premier Ministre et les chefs de parti. Mais surtout, le futur roi a désormais accès aux « boîtes rouges », les valises officielles contenant la copie des télégrammes diplomatiques, des rapports des services et des documents d'État adressés à la reine. Bref, il se tient prêt.

Dry Martini ou mojito

Le prince ne déjeune jamais, mais à 17 heures, c'est la parenthèse sacrée du thé, toujours du Darjeeling, assorti parfois de quelques œufs durs ou de biscuits d'avoine. Il fait ensuite quelques pas, puis retourne à son bureau poursuivre sa tâche. Quand vient le dîner – s'il se déroule dans l'intimité familiale ou amicale –, il est toujours précédé d'un dry Martini (gin et vermouth blanc sec agrémentés de glace, secoués au shaker et servis avec une ou deux olives), ou un mojito qu'il aime préparer lui-même. À table, selon McGrady, l'un des plats préférés du prince est une côte de mouton accompagnée d'un risotto de champignons, mais bien sûr pas n'importe lesquels, des cèpes récoltés à l'automne dans les forêts du domaine de Balmoral. Charles montre à ses cuisiniers sous quels arbres les trouver, et ils en rapportent des paniers entiers à utiliser à Highgrove ou à Clarence House.

Lit orthopédique et siège de toilette

Cet homme d'habitudes ne voyage pas sans bagages. Toujours accompagné de ses agents de sécurité, d'un médecin, de ses valets de chambre et d'un secrétaire, il n'oublie pas d'emporter avec lui quelques pièces du mobilier de sa chambre. Ainsi est-il suivi de son lit orthopédique, affirme Bower, de ses draps frais, d'une commode à tiroirs, de deux aquarelles de paysages écossais, de son propre siège de toilette, et de PQ de la marque Kleenex Premium Confort.

Un contribuable très optimisé

Charles coûte très cher au Trésor public, la famille royale également, et cela agace un homme qui fut député libéral démocrate, puis ministre du gouvernement, et qui aujourd'hui encore continue à jouer de la musique comme durant son adolescence au sein d'un groupe appelé The Reform Club. Il fut aussi membre du Privy Council, la réunion de sages censés conseiller la reine. Il se nomme Norman Baker et a signé… *And What Do You Do?*[1] un livre qui tire à boulets rouges sur la famille royale, dont l'importance institutionnelle est aussi grande que son hypocrisie et son indifférence à l'égard de l'argent public qu'elle consomme sans aucun contrôle. L'auteur se montre par ailleurs fort critique à l'égard de la presse britannique, qui « nous intoxique jusqu'à la nausée par sa couverture obséquieuse de la famille royale et ses reportages sur ses activités écrits en apnée et sans sens critique ».

« Je suis instinctivement républicain », déclare Baker dans une interview au magazine écossais *Holyrood*[2], cependant il

1. … *And What Do You Do? What the Royal Family Don't Want You to Know*, Londres, Biteback Publishing, 2019.
2. « What Norman Did Next : Interview with Former MP Norman Baker », holyrood.com, 20 novembre 2019.

ne cherche pas avec son livre à abolir la monarchie, mais à en changer les pratiques. Évoquant les royautés du continent européen, il dit voir « des gens de l'autre côté de la Manche, en Hollande, en Belgique, en Norvège et en Suède, qui respectent la constitution, qui coûtent beaucoup moins cher que chez nous, et qui vont faire leurs courses dans les boutiques de leur quartier. Quitte à avoir une monarchie, pourrait-on en avoir une du même genre ? Nous avons, ajoute-t-il, la dernière monarchie impériale ».

Charles, contribuable astucieux

Le prince, on l'a vu, tire de son duché de Cornouailles des revenus annuels d'environ vingt millions de livres, parfois un peu plus, pour lesquels il n'est pas imposé au titre des impôts sur les sociétés. Il paie bien un impôt sur le revenu, qu'il qualifie de « volontaire », de 40 %, mais peut déduire un grand nombre de dépenses, notamment les salaires versés aux quelque 28 personnes attachées à son bureau et à celles travaillant pour son épouse, Camilla.

En fait, selon Baker, en 2012 Charles a réussi à déduire d'un revenu du duché de 18,3 millions de livres la somme de 7 millions au titre de ses dépenses. L'auteur souligne aussi que le duché ne paie ni impôt sur le revenu de ses capitaux, ni de taxe sur les héritages.

Le prince est officiellement locataire de Highgrove et paie son loyer au duché, qui utilise ses profits pour lui rembourser les mêmes montants sans qu'intervienne aucune taxation dans cet échange.

Juge et partie, le duché réalise ses propres audits de performance, qui font l'objet d'une publication annuelle, mais refuse tout accès à ses comptes, notamment à la « Cour des comptes » du gouvernement, le National Audit Office.

De bons avocats

Le journal américain *Daily Beast*, que dirige aujourd'hui Tina Brown, considère la famille royale comme bien conseillée fiscalement[1]. « À la mort de la reine mère, en 2002, les plus précieux éléments de son héritage, notamment ses bijoux, ne subirent aucune taxation – ils avaient été donnés neuf ans plus tôt à ses petits-enfants. Après son décès, on découvrit les bijoux toujours chez elle, mais l'administration fiscale regarda ailleurs. » Baker estime que la reine a reçu de sa mère un héritage évalué à 20 ou 25 millions de livres, héritage qui n'a souffert aucune taxation. Les testaments royaux ne sont jamais rendus publics et aucun gouvernement, ajoute Baker, n'est prêt à changer cette situation.

Un écolo très carboné

S'il prend à cœur la défense de ses intérêts financiers, Charles se révèle plus négligent quand il s'agit de sauver la planète, une cause qu'il défend pourtant avec ardeur. En 2018, avec l'intention de plaider en faveur de la lutte contre le changement climatique, Charles fit un tour en jet privé entre Rome, Berlin et Venise peu de temps avant la COP21, la réunion sur le climat qui eut lieu à Paris. Selon Baker, l'empreinte carbone de ce voyage fut estimée à 52,95 tonnes de CO_2. L'usage de vols commerciaux aurait réduit cette empreinte de 95 %.

Le futur roi sans concession

Charles fut très agacé quand, en 2005, un rapport gouvernemental demanda que les comptes du duché de Cornouailles contiennent plus d'informations et de précisions

1. « What Prince Charles Doesn't Want You to Know about His Lavish Lifestyle », thedailybeast.com, 30 novembre 2019.

pour ses lecteurs, notamment les parlementaires. Le prince jugea cette requête « fondamentalement erronée » et décida de mettre les choses au point. « Je trouve d'une importance absolue la possibilité pour le monarque de jouir d'une large indépendance financière à l'égard de l'État. Je ne suis pas disposé à assumer la charge de souverain sur d'autres bases. »

Des soupes populaires partout

Dans son interview mentionnée plus haut avec *Holyrood*, Baker reproche aux conservateurs d'être trop serviles à l'égard de la Couronne. « La règle des torys est de dire que la monarchie aura toujours ce qu'elle demande. Prenons l'exemple de la restauration du palais de Buckingham, qui devait coûter 10 millions de livres en 2010. Aujourd'hui, nous en sommes à plus de 369 millions. L'intégralité du palais est financée, sonnettes et sifflets en or compris, par le contribuable, et nous avons des soupes populaires partout ! »

Charlie, prince des écolos

Assez tôt dans sa vie, Charles décide d'adopter un certain nombre de causes qu'il va défendre avec constance. La plus fondamentale pour lui est celle de la nature, malmenée par les hommes et leur soif de modernité. Pionnier du bio et en première ligne de front face au changement climatique, l'éventuel futur souverain est depuis longtemps « Charlie, prince des écolos ». Si son empreinte carbone est assez lourde, en raison de l'usage d'avions privés, il fait par ailleurs des efforts méritoires pour soutenir la cause de la planète. Par exemple, il garde l'eau de son bain pour arroser ses jardins, et son Aston Martin roule au bioéthanol à base de vin et de fromages depuis 2008. Il conseille à ses jardiniers de parler aux légumes et il a créé un arboretum sur ses terres pour son petit-fils, George de Cambridge, « le bois de George ».

L'un de ses premiers discours publics, le 19 février 1970 – il avait vingt-deux ans –, a porté sur l'environnement, suivi par beaucoup d'autres au fil des ans sur des sujets que le prince juge de plus en plus essentiels et urgents, tels l'état des océans, celui des forêts tropicales, la gestion des déchets, la biodiversité ou les ressources en eau.

Le petit sourire de Greta Thunberg

À l'âge de soixante et onze ans, il continuait à militer pour une planète en danger. En janvier 2020, il vint à Davos en jet privé (« Horreur ! » dirent les écolos), puis en Jaguar électrique (« Bravo ! » ajoutèrent les mêmes) pour inciter les grands pontes du secteur privé rassemblés chaque année dans cette station suisse à mieux traiter notre environnement.

« Le réchauffement mondial, le changement climatique et la perte dévastatrice de biodiversité sont les plus grandes menaces auxquelles l'humanité ait été confrontée, et en grande partie de notre propre fait, déclarait-il en préambule d'un long discours. Il est temps de passer au niveau supérieur. Pour assurer notre avenir et prospérer, nous devons faire évoluer notre modèle économique. À quoi servent toutes les richesses dans le monde si nous ne pouvons rien en faire sinon les regarder brûler dans des conditions dramatiques ? Voulons-nous entrer dans l'histoire comme ceux qui n'ont rien fait pour sauver le monde qui se tient au bord du gouffre, rien non plus pour rétablir à temps son équilibre, alors que nous aurions pu le faire ? Moi je ne le veux pas », annonça le prince en demandant aux chefs d'entreprises de « faire en sorte que le secteur privé mène le monde hors de la catastrophe imminente que nous avons nous-mêmes orchestrée ».

Puis, toujours à Davos, il eut un bref entretien avec la jeune militante suédoise Greta Thunberg dont on ne connaît pas la teneur. Mais le prince a accompli un exploit en faisant sourire cette jeune fille qui semble toujours fâchée.

Les intendants de la planète

Nous avons vu sa thèse sur l'harmonie. Il l'a développée une nouvelle fois en 1990 à l'occasion d'un documentaire télévisé intitulé *The Earth in Balance* (que l'on peut traduire aussi bien comme « La Terre dans la balance », ce qui suggère un enjeu, ou « La Terre en équilibre », qui relève plutôt du vœu pieux). « Nous ne pouvons pas répondre aux questions environnementales par la seule technologie, déclarait Charles dans ce film. Il me semble désormais évident que nous devons réévaluer notre vision de notre planète car nous en sommes les intendants. » Cette notion d'intendance, donc de responsabilité des humains à l'égard de la nature, figure depuis longtemps au cœur de sa réflexion.

Les dangers de l'agrobusiness

D'où sa critique constante de l'industrialisation de l'agriculture, accusée par de nombreux chercheurs de mettre à mal l'environnement et le monde paysan. « Ces études parlent toutes de la perte de la biodiversité, déclarait Charles dans un discours en 1996. Des pâturages et des fermes polyvalentes se sont retrouvés avec des terres arables de plus en plus médiocres, tandis que des espèces entières d'oiseaux, telles l'alouette ou la grive musicienne, et de fleurs sauvages, ont disparu. Des ressources d'eau se retrouvent polluées et parfois les sols eux-mêmes sont érodés. Nous sommes horrifiés d'apprendre que désormais les vaches laitières sont vouées à donner du lait jusqu'à leur mort précoce à l'âge de six ou sept ans. L'usage routinier et préventif d'antibiotiques et d'autres médicaments conduit à développer des résistances qui mènent à des traitements plus lourds encore. »

Pour lui, le lien entre agriculture et écologie ressort d'une évidence, et Charles n'est pas l'ami de la PAC (Politique agricole commune) de l'Union européenne, qui a favorisé cultures extensives et agro-industrie. Cependant, le Brexit va lui faire perdre les quelque 100 000 livres sterling de subvention agricole annuelle qu'il recevait, lui aussi, de Bruxelles.

L'idéal du petit fermier

« Notre objectif pour l'agriculture du XXIe siècle doit embrasser le principe de durabilité dans le sens le plus large du terme, ajoutait le prince. Nous voulons une agriculture qui rende les fermiers fiers d'être les intendants de leurs terres. Il nous faut aussi encourager la renaissance des communautés rurales, et leurs économies, avec le souci de la santé et le respect de la nature tout au long de la chaîne alimentaire. Il serait bon aussi que les fermes familiales redeviennent le modèle d'une agriculture resserrant les liens entre producteurs et consommateurs. »

Le prince aimerait également que les citadins aient plus de considération pour les paysans et qu'ils comprennent que sans ces derniers nos paysages ne seraient pas les mêmes. « Les fermiers jouent un rôle unique, d'une grande importance dans notre culture, et les difficultés qu'ils rencontrent affectent l'ensemble de l'économie rurale. »

« Si tel est l'avenir, ce sera sans moi »

Le prince de Galles s'oppose farouchement aussi aux OGM (organismes génétiquement modifiés) et l'a fait savoir avec une certaine virulence dans un article du *Daily Telegraph* publié le 12 août 2008. Les cultures d'OGM sont susceptibles de causer « le pire des désastres environnementaux que l'on puisse imaginer », écrit-il, avant d'accuser les grandes firmes agroalimentaires de mener « une gigantesque expérimentation avec la nature et l'ensemble de l'humanité aux effets particulièrement négatifs ». Il envisage que des millions de petits fermiers à travers le monde soient chassés de leurs terres par de grandes corporations, terres qui deviendront dégradées et ingérables. « Si c'est ce qui doit arriver, alors ne comptez pas sur moi, parce que nous aurions raté la cible. Nous devrions discuter de sécurité alimentaire, non de production alimentaire. »

Comme toujours quand Charles exprime une opinion critique, ses adversaires lui reprochent d'intervenir dans des domaines qui ne le regardent pas. Pour résumer la situation, le prince estime avoir, comme tout le monde sur cette planète, le droit de défendre la nature, tandis que ceux dont les intérêts et les actions se voient critiqués prétendent que le fils de la reine s'introduit dans un débat politique, ce qui lui est interdit.

Le gentleman-farmer de Highgrove

On doit créditer Charles, souvent donneur de leçons, de les appliquer dans sa propre vie de gentleman-farmer à Highgrove, sa propriété – plus précisément celle du duché de Cornouailles – sise dans l'un des coins les plus chics de la campagne anglaise, près de Tetbury. Cette demeure du XVIIIe siècle a été acquise par Charles en 1980 et, depuis, il y cultive de façon exclusivement *organic* non seulement un magnifique jardin, mais aussi 475 hectares de terres. « J'ai mis tout mon cœur et mon âme dans Highgrove, et les choses que j'ai essayé de faire dans ce petit coin du Gloucestershire sont l'expression concrète d'une philosophie personnelle », écrivait Charles dans *Highgrove: An Experiment in Organic Gardening and Farming*[1], le premier des nombreux livres qu'il fera publier sur ce domaine.

En 2021, Charles ne renouvellera pas le bail de vingt ans des terres exploitées autour de Highgrove. Elles resteront bien sûr la propriété du Duchy, et à moins que cette institution vende les terres pour investir ailleurs, il est probable qu'il encouragera les nouveaux bailleurs à continuer à y

1. Londres, Simon and Schuster, 1993.

pratiquer une agriculture bio. Certains ont vu dans cette affaire le signal d'une succession prochaine. Dans un tel scénario, qui n'est encore qu'une hypothèse, le roi Charles, alors, pourrait se consoler en rendant plus écologiques les terres du domaine de Sandringham.

Jardiner avec l'œil d'un peintre

Chaque année, le jardin de Highgrove accueille environ 30 000 visiteurs qui paient l'entrée plus de trente euros, et aggravent sans doute encore leur facture avec quelques souvenirs ou un brunch au restaurant du jardin nommé, bien sûr, The Royal Gardens, au pluriel pour cause de paysages différents. « Quand j'y pense, il me semble avoir jardiné avec l'œil d'un peintre. Chaque partie du jardin est comme une “peinture” singulière et le résultat de promenades continuelles marquées par la réflexion et l'observation de ces moments magiques quand l'intensité de la lumière devient comme un rêve », écrit Charles dans la dernière édition de son livre sur Highgrove. L'ensemble est élégant, foisonnant, compliqué, dans une sorte de désordre sous contrôle, de fantaisie bien ordonnée. Il faut y ajouter une touche de pensée magique, avec deux temples, un sanctuaire dédié à la méditation, et les bustes de personnages auxquels le prince est sentimentalement attaché, parmi lesquels on trouve la duchesse de Devonshire, Deborah Vivien Cavendish, le compositeur John Tavener, la naturaliste Miriam Rothschild, l'activiste indienne Vandana Shiva, écologiste et militante antimondialisation. Complètent cette liste Richard Chartres, évêque de Londres, l'urbaniste Léon Krier, qui a édifié Poundbury sur le modèle rêvé de Charles, le psychiatre Alan McGlashan, et Sir Laurens van der Post, qui fut le « gourou » du jeune prince.

Dans une autre publication, *The Royal Gardens at Highgrove*, un guide du jardin publié en 2015 et imprimé en Turquie – est-ce un crime de lèse-majesté de s'interroger sur l'empreinte carbone de cette délocalisation ? –, le prince déclare avoir cherché avec ce jardin à « plaire au regard, chauffer le cœur et nourrir l'âme ».

Hypocrite vert

Tout ceci est très gentil, mais Charles l'écolo a plusieurs fois fait l'objet de critiques concernant « l'empreinte carbone » de ses nombreux voyages, comme on l'a vu. L'un d'entre eux, notamment, à l'université de Harvard, à Cambridge, dans le Massachusetts, en janvier 2007, a beaucoup choqué quelques militants écologistes. Le prince est parti de Londres à bord d'un avion long-courrier avec une suite de vingt personnes pour recevoir le Global Environmental Citizen Prize de la faculté de médecine de cette université. Un porte-parole de l'ONG Plane Stupid a traité Charles d'« hypocrite vert ». « Prendre un avion pour recevoir un prix sur l'environnement, a-t-il dit, est aussi bizarre que d'arriver en limousine à une cérémonie d'Oxfam » (ONG luttant contre la pauvreté). Le bureau du prince a défendu son patron en précisant qu'il allait aussi, au cours de ce voyage, parler à New York et à Philadelphie du changement climatique, auquel le gouvernement britannique attachait une grande importance.

La société du jetable

Charlie l'écolo semble souvent exaspéré. Pour lui, la crise du crédit de l'année 2008 – qui a secoué l'ensemble du système bancaire mondial et affolé ses clients, provoqué de nombreuses faillites d'entreprises et mis au chômage leurs employés, jeté des familles entières dans les rues pour être incapables de rembourser leurs emprunts immobiliers – a eu un autre effet fâcheux auquel personne à part lui, probablement, n'avait alors pensé : elle a détourné notre attention de l'urgence climatique.

Dans un discours prononcé le 28 octobre de cette même année 2008 à Tokyo, où le prince de Galles célébrait le 150e anniversaire des relations diplomatiques entre le Royaume-Uni et le Japon, il concède qu'il est légitime de se préoccuper de la crise financière. Mais il juge aussi inquiétant que « nous détournions le regard de la crise du climat à nos risques et périls ».

« Nous espérons, poursuit-il, que les forces sous-jacentes de l'économie mondiale permettront, une fois de plus, de reprendre le dessus, mais les effets du changement climatique seront, eux, irréversibles. »

Un mois plus tard, lors de la réunion annuelle de l'Association de la presse étrangère à Londres, il précise sa pensée par une critique sociale, considérant que la crise du crédit représentait l'effet collatéral d'une société du « jetable » (« *a throwaway society* »). Par ailleurs, il dénonce notre fièvre de consommer qui « ne nous rend pas plus heureux ». Vu sa fortune et son mode de vie, ce jugement moral sur la consommation des autres semble extravagant, mais qu'importe, il poursuit en affirmant que ces maux trouvent leur origine dans « notre tendance à légitimer une vision du monde dont l'humanité est le centre de toutes choses, dotée d'un pouvoir absolu sur la nature. Une vision extrêmement dangereuse ».

L'avocat de l'homéopathie

Le prince de Galles n'a pas que des amis. Il a exaspéré de nombreux ministres et parlementaires en leur envoyant des lettres – les *Black Spider Memos* – de nature politique, non conformes à sa position institutionnelle[1]. Il a aussi, on y reviendra, scandalisé les architectes adeptes du modernisme et leurs amis urbanistes. Il se conduit en propriétaire féodal à l'égard de la plupart de ses locataires du duché de Cornouailles, déteste les gens qui le contredisent et agace, bien sûr, les quelques républicains du royaume. S'ajoute à cette liste de mécontents l'immense masse du corps médical désolée et fâchée par les théories du prince sur les « médecines douces » qui vont de l'acupuncture à l'aromathérapie, en passant par l'homéopathie, l'hypnose et bien d'autres encore. Parmi ces *Black Spider Memos*, on trouve des courriers prônant l'usage de la médecine alternative au sein du Service national de santé britannique, le NHS. L'un d'entre eux a été adressé à l'ancien secrétaire à la Santé, Alan Johnson : « Je ne peux pas supporter l'idée

1. La justice britannique a décidé de rendre publique cette correspondance au nom de la « liberté de l'information ». On peut désormais lire ces lettres sous ce lien : https://www.gov.uk/government/collections/prince-of-wales-correspondence-with-government-departments.

que des patients souffrent inutilement, écrivait le prince, quand une approche complémentaire représenterait une réelle différence. »

L'ennemi d'Exeter

Au sein des médecins rétifs aux plaidoyers du prince, son ennemi le plus farouche est un bretteur médiatique, Edzard Ernst. Médecin allemand naturalisé britannique, cet homme a entamé sa carrière dans un « hôpital homéopathique » de Munich avant de devenir, en 1993, le premier professeur à enseigner les médecines complémentaires dans une université, en l'occurrence celle d'Exeter, dans le Devon, en Angleterre. On pourrait penser que dans cette inédite et éminente position, Ernst deviendrait un soutien considérable des médecines dites « douces », « alternatives » ou « complémentaires », voire « poudres de perlimpinpin », selon les avis, mais ce serait ignorer un mode de pensée très allemand, la *Gründlichkeit*, qui pousse nos voisins d'outre-Rhin à aller au fond des choses. Et c'est ainsi qu'après de nombreuses études et quelque sept cents publications scientifiques, le professeur d'Exeter devint l'ennemi des médecines alternatives – 95 % d'entre elles, selon lui, ne sont pas scientifiquement étayées ou sont basées sur des principes sans aucune efficacité thérapeutique. Quant à l'homéopathie, il la juge maintenant équivalente à un placebo.

Le patient et le cosmos

Le prince se situe de l'autre côté du débat, d'où une formidable controverse. Laquelle commence un soir de décembre 1982, à l'occasion d'un discours que prononce Charles devant les membres de la British Medical Association, qui fête son 150e anniversaire. Il faut imaginer la scène, le gratin de l'establishment médical britannique écoutant, médusé, un prince trentenaire sans aucune expérience de leur métier leur expliquer doctement comment ils devraient le pratiquer. « Le médecin, déclare Charles, doit être dans une relation intime avec la nature. Il doit avoir l'intuition de ce qui est nécessaire pour comprendre le patient, son corps, sa maladie, et l'approche qui permet l'empathie avec l'esprit du patient. » Dans le même propos, le prince évoque aussi les pouvoirs des guérisseurs qui, « à travers les siècles ont été guidés par une sagesse traditionnelle qui voit la maladie comme un désordre de toute la personne, concernant non seulement son corps, mais son esprit, sa vision de lui-même, ses liens avec son environnement physique et social, de même que sa relation avec le cosmos ». Et il poursuit cette tirade en déplorant la dépendance aux médicaments de l'ensemble des services de santé, comme s'il s'agissait de « la panacée ». Arrive ensuite l'estocade finale : « L'imposant édifice de la médecine, malgré ses époustouflants succès, est dans la même position que la célèbre tour de Pise, légèrement déséquilibrée. »

L'affaire fait grand bruit, mais Charles, toujours un peu psychorigide, reste sur ses positions. En 1993, il crée une fondation pour la promotion des médecines alternatives et complémentaires, The Prince's Foundation for Integrated Health, en partie financée par le ministère de la Santé. Outre ses opérations de lobbying, l'organisation cherche à rassembler des représentants de la médecine orthodoxe et de la médecine alternative afin de créer des normes acceptables pour les deux parties. Cette initiative déplaît aux uns et aux autres. Les premiers jugent inutile et dangereux d'officialiser des pratiques qu'ils considèrent comme inopérantes, voire néfastes, les seconds n'ont pas envie de subir d'éventuelles contraintes réglementaires élaborées au cours de ce processus.

Pur charlatanisme

Par ailleurs, cette fondation suscite de nombreuses controverses quand, en 2004, elle lance une campagne publicitaire incitant les médecins généralistes du NHS à ordonner à leurs patients des traitements dits complémentaires. En 2008, elle publie aussi un guide sur Internet, *Complementary Health Care, a Guide*[1], et l'on retrouve alors Edzard Ernst qui signe un point de vue virulent dans le *Times* demandant à la fondation de retirer ce guide en affirmant que « la majorité des thérapies alternatives sont sans effets cliniques, et beaucoup d'entre elles sont carrément dangereuses ». Un porte-parole de la fondation rétorque que ce guide « ne contient aucune information trompeuse ni d'affirmations erronées sur les avantages des thérapies complémentaires ».

En 2008, Ernst et Simon Singh, un écrivain spécialisé dans les sciences, publient *Trick or Treatment: Alternative Medicine on Trial*[2], un livre très critique à l'égard des initiatives du prince. Il dénonce également plusieurs produits « détox » proposés à l'époque par la marque du prince Duchy Originals, considérant qu'ils relevaient du « pur charlatanisme » et « exploitaient financièrement les plus vulnérables ».

Le rapport Smallwood

En 2005, Charles commande un rapport sur l'usage des médecines alternatives et complémentaires (MAC) dont les recherches sont coordonnées par un économiste, Christopher Smallwood, qui estime que leur recours pourrait réduire le coût des politiques de santé au Royaume-Uni. Ce rapport mentionne cinq méthodes alternatives (acupuncture, ostéopathie, homéopathie, chiropractie, phytothérapie) et des études réalisées sur ces pratiques. Et l'auteur d'estimer

1. Voir https://www.positive.news/archive/complementary-healthcare-a-guide-for-patients/.
2. Londres, Bantam Press.

qu'elles se montrent aussi ou plus efficaces que les soins classiques, et peuvent constituer « une solution de rechange moins coûteuse[1] ».

Dangereuses bêtises

Dans un article publié en janvier 2006 dans le *British Journal of General Practice*, Edzard Ernst démolit le rapport Smallwood de façon systématique. Il l'estime « imprécis et trompeur » et lui reproche de donner l'impression que « les auteurs ont d'abord écrit les conclusions avant de chercher les données susceptibles de les étayer[2] ». Dans une lettre au quotidien *The Guardian*, le Dr Richard Horton, rédacteur en chef de la prestigieuse revue médicale *The Lancet*, écrit : « Soyons clairs, ce rapport contient de dangereuses bêtises[3]. »

Le secrétaire du prince, sir Edward Peat, demande au vice-chancelier de l'université d'Exeter de mener une enquête sur Ernst qu'il accuse d'avoir rompu un accord de confidentialité concernant le rapport Smallwood. S'ensuit une enquête interne jugée « désagréable » par l'intéressé, dont l'innocence est finalement affirmée. Mais soudain les financements se tarissent et, faute de moyens, Ernst se résigne à quitter l'université deux ans avant le terme de son contrat avec l'institution. S'opposer au prince peut se révéler dangereux.

« Snake oil salesman »

Ernst n'en poursuit pas moins sa vindicte contre les initiatives de Charles dans un ouvrage paru en 2018, *More Good Than Harm? The Moral Maze of Complementary and*

1. On peut lire en ligne ce rapport sous ce lien : https://magonia.com/wp-content/uploads/smallwood-report.pdf.
2. On peut lire cet article sous le lien : https://www.ncbi.nlm.nih.gov/pmc/articles/PMC1821425/.
3. Voir https://www.theguardian.com/society/2005/oct/08/health.lifeandhealth.

Alternative Medicine[1], coécrit avec Kevin Smith, spécialiste de l'éthique. Dans cet ouvrage, les auteurs accusent Charles d'être à la fois « déraisonnable et immoral ». Il n'est pas possible, estiment-ils, de « pratiquer de façon éthique les médecines alternatives ».

En juin 2019, Charles réaffirme ses convictions en devenant l'un des bienfaiteurs de la Faculty of Homeopathy, une institution associative et éducative sise à Londres et fondée en 1844. Si elle considère le patronage du prince comme « un immense honneur », elle semble assez seule à exprimer un tel plaisir.

Cette nouvelle initiative (ou cet entêtement) du prince a soulevé un tollé. Michael Marshall, directeur de The Good Thinking Society, que cite un article du *Guardian*[2], juge que, hélas, « cette annonce n'est pas une surprise. Le prince a régulièrement utilisé sa position royale pour défendre une opinion sur l'homéopathie contraire à la science, et il est obscène d'imaginer que le futur chef de l'État juge qu'il s'agit d'un sujet digne d'être promu auprès du public ».

Ernst, qui a un jour traité Charles de « *snake oil salesman* » (que l'on peut traduire par « charlatan », mais sans le charme ni la vigueur de l'expression anglaise), n'est pas surpris non plus, mais constate avec satisfaction le déclin général de l'homéopathie au Royaume-Uni et ailleurs.

---

1. Springer International Publishing, 2018.
2. Voir https://www.theguardian.com/uk-news/2019/jun/25/prince-charles-criticised-continuing-promote-homeopathy.

Architecture : l'anti-moderne

L'Harmonie, donc. En son nom, on peut parler d'amour, de religion, de jardins, de ruralité, de musique, mais aussi d'urbanisme et d'architecture, et sur ces deux derniers sujets, le prince Charles va se faire entendre et lancer un débat qui démarre en 1984 et reste animé encore aujourd'hui.

Le « furoncle » de Trafalgar Square

C'est devant un horizon qu'il juge sans harmonie – notamment à cause des constructions après guerre de tours d'habitation dans les centres-villes et la laideur assumée de nombreux édifices de services publics –, que le prince se lamente. Un peu plus tard, il sera au désespoir avec les nouveaux bâtiments édifiés sur la rive sud de la Tamise, à Londres, un ensemble moderne se dressant face au monument historique le plus vénéré de la ville, la cathédrale Saint-Paul. Enfin, le prince s'offusque du projet d'un passage couvert rompant l'alignement de la National Gallery avec ses bâtiments voisins sur Trafalgar Square.

Invité, le 30 mai 1984, à prononcer un discours que chacun attendait lénifiant lors du banquet du 150e anniversaire du Royal Institute of British Architects (RIBA),

Charles ne mâche pas ses mots, exprimant le fond de sa pensée aux architectes du royaume : « Ce serait une tragédie si le caractère et l'horizon de notre capitale devaient subir de nouveaux outrages et si la cathédrale Saint-Paul était écrasée par encore une autre gigantesque masse de verre que l'on verrait plus volontiers dans le centre-ville de Chicago qu'à Londres. Il est difficile d'imaginer que Londres, avant la dernière guerre, avait le plus bel horizon de toutes les grandes villes, si l'on en croit ceux qui s'en souviennent (...). Qu'avons-nous fait depuis les bombardements de la guerre ? Que prétendons-nous faire bientôt de l'une de nos plus belles places, Trafalgar Square ? Au lieu de dessiner une extension de l'élégante façade de la National Gallery qui prolongerait le concept des colonnes et des dômes, il semble que nous serons en présence d'une sorte de caserne municipale de pompiers, avec une tour pour la sirène (...), ce qui nous est proposé ressemble à un monstrueux furoncle sur le visage d'un cher et élégant ami. »

Les grands architectes modernistes du royaume et d'ailleurs fulminent. « Les paroles du prince ont été agressives, réactionnaires et sans fondement (...). Il semble regarder en arrière plutôt qu'en avant », déclare le principal offensé, Peter Ahrends, auteur du projet de la National Gallery. Mais ni la presse ni l'opinion ne semblent vraiment choquées. Le prince a-t-il dit tout haut ce que beaucoup pensaient tout bas ?

Les dix principes...

Cinq ans plus tard, en 1989, Charles publie un livre, *A Vision of Britain*, avec pour sous-titre *A Personal View on Architecture*[1]. Illustré de quelques-unes de ses aquarelles les plus champêtres révélant la beauté des paysages ruraux vierges de toute intrusion « moderniste », et de

1. Londres, Doubleday.

photographies des pires verrues urbaines que l'on peut croiser en Grande-Bretagne, cet ouvrage tente d'expliquer et d'illustrer le point de vue du prince dans ce débat sur architecture et urbanisme.

Charles développe ce sujet en dix « principes », arguant que « nous semblons avoir oublié les règles de base qui ont gouverné l'architecture depuis la Grèce antique ». La plupart de ces dix principes relèvent, écrit-il, du « simple bon sens, comme les lois de la grammaire façonnent un langage ». Voici ces principes princiers :

1/ D'abord le lieu, le paysage, dont il faut « respecter les contours ».

2/ La « hiérarchie », que le prince divise en deux catégories : celle de la taille d'un bâtiment relative à son importance publique ; celle de l'ensemble des éléments qui forment un immeuble et « ainsi nous savons, par exemple, où se trouve la porte d'entrée ».

3/ L'échelle. « L'homme est la mesure de toutes choses », écrit le prince. Les constructions doivent s'aligner sur l'échelle des hommes et celle des bâtiments environnants.

4/ L'harmonie – que nous attendions tous avec impatience, et qui n'arrive qu'en quatrième position. Nous y retrouvons la vieille antienne de l'holisme sur les parties réunies en un tout, en l'occurrence les bâtiments qui, même différents les uns des autres, doivent former un ensemble cohérent.

5/ L'enceinte, ou l'enclos (en VO, *the inclosure*), « offre l'impression de sécurité et encourage l'esprit de communauté », estime Charles. « L'échelle peut être grande ou petite, les matériaux anciens ou modernes, mais la cohésion, la continuité et l'enceinte produisent ensemble une sorte de magie. »

6/ Les matériaux. « La Grande-Bretagne, écrit le prince, est l'un des pays où la géologie est la plus compliquée. En conséquence, il est aussi l'un des plus beaux », à condition que l'on utilise les matériaux locaux pour la construction. Ainsi, « chaque village a sa nuance, son effet, ce qui donne aux habitants un fort sentiment d'appartenance. Il faut préserver celui-ci et s'assurer que le caractère de chaque lieu ne s'érode pas de façon définitive ».

7/ La décoration. « Nous avons besoin de rappeler que l'architecture doit rester la maîtresse des arts et des artisanats. Il me semble que les clients y sont plus sensibles que les professionnels. Ils paraissent penser, comme moi, que vivre dans un monde où tout se fabrique de manière industrielle se révèle insatisfaisant. La beauté vient d'un partenariat unique entre la main, l'esprit et le regard. On devrait la retrouver dans toute nouvelle architecture. »

8/ L'art. « Pourquoi, interroge Charles, les artistes contemporains jouent-ils un rôle si limité dans nos espaces publics ? Architectes et artistes, jadis, travaillaient naturellement ensemble. Aujourd'hui, ils représentent deux mondes à part. Regardez les grands bâtiments du passé, quand l'architecte avait besoin de l'artiste pour achever la splendeur de son œuvre. Imaginez la salle des banquets de Whitehall sans l'extraordinaire plafond peint par Rubens, ou le Sheldonian Theatre à Oxford sans les sculptures des bustes des empereurs. »

9/ Éclairage et signalisation. Le prince ici se désole de voir trop d'enseignes médiocrement modernes dans de vieux villages, des éclairages jaunâtres le long des routes et des fils électriques qui devraient être enterrés.

10/ La communauté. « Il ne faut pas oublier une règle d'or, écrit Charles : nous avons besoin de coopérer et de nous impliquer dans la planification et l'architecture. Elles sont tellement importantes que nous ne pouvons pas les abandonner aux seuls professionnels. »

… *Ou les « dix commandements » ?*

Quelques architectes saluent l'intérêt du prince pour leur travail, jugent légitime que le fils de la reine s'intéresse aux questions d'urbanisme, au sauvetage des centres-villes en déclin, au maintien des populations rurales dans leurs villages, même s'ils expriment certaines réserves sur la nature de ces dix principes. Les critiques les plus ironiques du prince de Galles surnomment ces dix principes « les dix commandements », et ils sont parfois sévères à leur endroit. Beaucoup se contentent de classer Charles parmi les personnes allergiques à la modernité, d'autres n'excluent pas que cette aversion du prince cache un autoritarisme qui n'est pas sans effet en raison de sa position institutionnelle. Selon eux, le prince se montre un réactionnaire amoureux d'un passé qui n'est plus.

« Je me préoccupe de l'avenir »

Il s'en défend dans un essai publié en décembre 2014 dans la revue *Architectural Review*. Appeler les architectes à se « reconnecter avec les techniques et les approches traditionnelles », écrit-il, ne signifie pas négliger les nouvelles technologies, mais mêler « le meilleur de l'ancien avec le meilleur du nouveau ». Il ajoute qu'il a « perdu le compte de ceux qui l'ont accusé de remonter le temps vers un prétendu âge d'or. Rien de cela n'est vrai. Je me préoccupe de l'avenir », ajoute-t-il en soulignant qu'il faudra faire face « au terrifiant défi de compter trois milliards d'habitants en plus sur cette planète en 2050, et qui devront être logés ».

« L'intuitive résonance »

Mais affirmer qu'il existe une géométrie « sacrée » de l'urbanisation, se référer aux rosaces des cathédrales gothiques inspirées par la complexe beauté des merveilles de la nature, inciter les architectes à ressentir cette « intuitive résonance avec les modèles et les formes » ne répond peut-être pas à l'urgence du moment. On peut toujours tenter de connecter son « moi profond » avec la géométrie et le nombre d'or, il faut aussi donner aux gens modestes des logements décents et sûrs à des prix abordables. Quand Charles n'est pas considéré comme un mystique un peu trop à l'ouest, il est jugé irréaliste et superficiel dans ses prescriptions. Le recours à des matériaux locaux, par exemple, peut se révéler beaucoup plus cher que des produits industriels. De même, l'usage de décorations ou de sculptures suppose des coûts incompatibles avec un accès à la propriété immobilière des ménages les moins aisés. Enfin, quelques architectes soupçonnent Charles de populisme. Selon eux, il tente de rallier à sa cause les habitants d'un lieu afin qu'ils planifient l'urbanisme et l'architecture de leur environnement. Ceux-ci imposeraient ainsi aux constructeurs leurs exigences parfois déraisonnables et plus souvent encore illégitimes en raison des difficultés des intéressés à s'accorder sur des options rassemblant une majorité cohérente.

Bref, le prince est bien bon, mais loger les gens n'est pas une affaire d'amateur. Charles, cependant, n'aime pas être contredit. Il veut prouver à ses détracteurs qu'il a raison et décide de concevoir une ville.

Charlieville

Voici donc Poundbury, la cité rêvée du prince, planifiée dès 1988 par lui-même en compagnie d'un architecte d'origine luxembourgeoise, Léon Krier. Cet antimoderniste est un membre éminent du New Urbanism (« Nouvel Urbanisme »), mouvement voulant « réhumaniser » les espaces urbains en s'inspirant de règles de composition des villes anciennes. Des principes et pratiques qui sont d'ailleurs enseignés aux élèves de The Prince's Foundation, jadis appelée « Fondation du prince pour l'environnement bâti ».

Charles et son ami Léon, deux réactionnaires architecturaux, s'entendent donc bien, et le duché de Cornouailles possède justement près de 162 hectares aux portes de la ville de Dorchester, dans le comté du Dorset. Cet espace va devenir le terrain de jeu de notre prince urbaniste. Poundbury a d'ailleurs été surnommée la *toytown* (« ville-jouet ») de Charles par certains de ses critiques, un autre a même évoqué un « Disneyland féodal ».

L'individualisme prohibé

Il est vrai que l'autoritarisme règne dans cette « vieille » ville nouvelle. Un règlement communautaire interdit aux propriétaires de choisir la couleur des murs extérieurs ou d'agrandir sa maison, de changer les fenêtres pour une meilleure isolation thermique, d'entourer son terrain d'une grille non conforme aux standards du prince. Impossible aussi de poser des panneaux solaires, même si le maître des lieux se montre super-écolo. Quant aux nains de jardin, ils ne sont probablement pas non plus les bienvenus. Bref, toute fantaisie personnelle est prohibée à Charlieville, mais l'ironie de ces contraintes tatillonnes rencontre cependant ses limites avec deux qualités notables de cette expérimentation urbanistique extraordinaire.

Effacer la réalité sociale

La première est la volonté de n'offrir au regard aucun signe distinctif entre les logements sociaux (environ 35 % de l'ensemble du bâti) et les autres. Cette mixité sociale aux traces effacées ressemble au rêve d'un social-démocrate transmuté dans le cerveau d'un prince imaginant régner sur une société sans classes. Il s'agit, hélas, d'une illusion. La ville n'est pas sans pauvres, mais sans ghetto, ce qui, sans aucun doute, constitue un progrès. Jusqu'à présent, ce brassage fonctionne assez bien en dépit des frustrations. Car Poundbury a attiré des gens riches, plutôt âgés, inquiets pour leur sécurité et leur tranquillité et séduits par le concept urbanistique des lieux. Conséquence de ces arrivées massives de propriétaires[1] aisés et assez vieux – ainsi que certains locataires, professionnels bien rémunérés nommés à Dorchester pour un temps limité et préférant s'installer à Poundbury –, le coût de la vie y est élevé, les transports publics laissent à désirer, et si deux écoles locales existent

1. Contrairement à d'autres ensembles immobiliers relevant du duché de Cornouailles où les baux sont limités, au mieux, à quatre-vingt-dix-neuf ans, on peut acheter à Poundbury des maisons en *freehold*, c'est-à-dire en totale propriété.

bien pour l'enseignement primaire, il faut aller à Dorchester pour trouver un collège public.

Le digesteur anaérobie

La deuxième vertu de Poundbury réside dans sa modernité écologique, ce qui, avec Charles, n'a rien d'étonnant. Depuis 2012, Poundbury est doté d'un digesteur anaérobie, autrement dit une usine de méthanisation. Elle procède à la dégradation biologique naturelle de matières organiques en absence d'oxygène, dégradation qui produit du méthane. Après traitement et épuration, ce méthane devient un biogaz propre et neutre en carbone qui peut faire rouler l'Aston Martin de Charles, ou chauffer les maisons de Poundbury sans perturber le climat.

« Village Potemkine »

L'auteur de ces lignes a accompli son devoir, il s'est rendu à Poundbury, a bu une bière Badger, breuvage du Dorset d'une jolie couleur ambre, au bar de l'hôtel-restaurant The Duchess of Cornwall Inn, regrettant d'avoir raté le jour de l'inauguration de l'établissement, en 2016, quand la duchesse en personne, Camilla, s'était placée derrière le comptoir pour tirer des pintes à l'attention de ses invités. J'ai réservé une chambre pour la nuit dans cet hôtel, puis me suis promené sous le doux soleil d'un après-midi estival. Au bout de deux ou trois heures de marche et après quelques rencontres, mes sentiments sur le lieu étaient plutôt mêlés, entre le toc des immeubles et un brin d'admiration pour l'audace de l'entreprise.

Il faut dire que certaines de ces constructions ressemblent à des maisons de poupées à échelle humaine, reproductions de gentils petits cottages de la campagne anglaise, inspirés de ceux du Dorset ou répliques en couleurs douces de l'architecture géorgienne[1]. Ces deux styles dominent les deux premières phases de construction commencées en 1993. La troisième phase est aujourd'hui terminée et les travaux de la quatrième – et dernière – sont désormais entamés. L'édification de Poundbury devrait être achevée en 2026. À cette échéance, les promoteurs espèrent compter 6 000 résidents. Pour l'instant la petite ville, ou le gros village – nous sommes encore dans l'entre-deux –, en rassemble 3 800, et 207 entreprises et commerces locaux emploient environ 2 300 personnes, selon les chiffres du duché de Cornouailles.

Avec la patine du temps, peut-être les choses s'amélioreront-elles, mais pour l'instant ces maisons neuves construites dans un style ancien suggèrent plus un décor qu'une réalité. Le fort sentiment de « village Potemkine[2] » pousserait presque le passant à aller derrière l'immeuble voir s'il ne s'agit pas seulement d'une façade. Une jeune femme de Dorchester présente dans une épicerie huppée de Poundbury fait la moue et hausse les épaules quand je lui demande son avis sur cette nouvelle extension de la ville. « C'est curieux, non ? Je crois que j'aime bien, mais bon, c'est quand même complètement artificiel. » Un ouvrier d'un chantier voisin confirme en rigolant : « Oui, c'est artificiel, en plus c'est très cher, mais avec ça j'ai du boulot pour longtemps. »

1. Appelé ainsi en référence aux quatre premiers monarques de la maison de Hanovre, de George Ier à George IV, qui ont régné en Angleterre entre 1720 et 1840.
2. Cette appellation vient d'une légende historique selon laquelle de luxueuses façades en carton-pâte auraient été érigées, à la demande du ministre russe Grigori Potemkine, afin de masquer la pauvreté des villages lors de la visite de l'impératrice Catherine II en Crimée en 1787.

La menace de la gérontocratie

Même si l'idée de base de la ville consiste à privilégier les piétons plus que les voitures, les premiers sont rares le long des rues, et les secondes assez nombreuses. Et si la philosophie du « nouvel urbanisme » se prétend hostile au zonage, si elle veut mêler et « fondre » les logements sociaux et les autres, les magasins, les entreprises et les résidences, on s'aperçoit malgré tout que les commerces se trouvent concentrés dans seulement quelques points de ce qui constitue les deux premières phases de cette ville nouvelle. Ils restent absents du large territoire de la troisième phase, hors du prétendu « centre-ville » que forme The Queen Mother Square.

On sait que Charles et Léon Krier voulaient créer un espace urbain densifié et animé afin d'éviter le piège du *spleen* suburbain. Il n'empêche qu'en quittant les quelques rues commerçantes, on se retrouve bien en banlieue. Une banlieue bizarre, tout de même, où tout semble faux, et une banlieue chic, aussi – où je n'ai croisé aucun Chinois, pas de Pakistanais ni d'Africains non plus, juste quelques couples blancs plus tout à fait jeunes, mais eux non plus, en vérité, pas très nombreux. Cette ville étrange et plutôt déserte semble menacée par la gérontocratie. « Si, si, il y a quelques jeunes ici », nous affirment deux charmantes sœurs octogénaires et pimpantes, Gillian et Susan, sur la terrasse de leur maison de retraite dominant la large prairie séparant Poundbury de Dorchester. « Mais comme il fait beau, ils ont dû partir à la plage. » Et il est vrai que l'on peut rejoindre la jolie plage de West Bexington en une demi-heure de voiture.

Un mini-Buckingham

Avec la troisième phase des travaux, Poundbury s'est doté d'un centre-ville surprenant par son manque de cohérence. Il s'articule autour d'une place posée près de l'artère principale du lieu, la Feverell Avenue, et nommée The Queen Mother Square en hommage à la grand-mère de Charles, la reine mère Elizabeth, disparue en 2004 à l'âge de cent un ans (une longévité due, selon des humoristes probablement républicains, à son gin tonic quotidien). Sa statue domine la place où se trouve The Duchess of Cornwall Inn dont la façade est censée évoquer celle de l'hôtel Ritz, à Londres, où la reine mère, qui a habité Clarence House depuis le couronnement de sa fille jusqu'à son décès, venait en voisine avec ses amis. Il fut dessiné en 1906, huit années après la construction du Ritz de Paris, par deux architectes français, et l'on retrouve avec les arcades de Piccadilly une évocation de la rue de Rivoli, tandis que les toits mansardés s'inspirent eux aussi d'un style architectural français sans lien avec les traditions anglaises. À la gauche de la Duchess of Cornwall Inn, voici Strathmore House (encore un hommage à la reine mère, qui vécut à Buckingham avec son mari George VI jusqu'en 1952, et dont le père, Claude Bowes-Lyon, était le 14e comte de Strathmore), un immeuble surnommé le « Mini-Buckingham ». Il s'agit en effet d'un pastiche pâtissier bien crémeux, avec sa façade jaune clair et ses piliers blancs, du palais de Buckingham à Londres. Cette fantaisie néoclassique comprend un large balcon encadré de deux piliers qui soutiennent un fronton triangulaire orné du blason royal. Achevé en 2016, le bâtiment compte huit luxueux appartements vendus à l'époque 750 000 livres, soit un peu plus de 842 000 euros[1]. Au fond de la place, un autre immeuble de luxe d'un style palladien ajoute à l'ensemble un petit air florentin incongru. Il s'agit du Royal Pavilion, nom d'un ancien cheval de course de la reine mère. Enfin, face à l'hôtel et au Mini-Buckingham, dans un haut bâtiment façon caserne, se niche un magasin de la chaîne Waitrose, vendeur, entre autres, des produits Duchy Originals.

1. Au taux de change du 18 janvier 2020.

Une bulle immobilière ?

Poundbury est une ville chère, ce que confirme une visite dans une agence immobilière. Durant l'été 2019, une maison de quatre pièces sur la partie ouest de Peverell Avenue était à la vente pour 500 000 euros. Un appartement de trois chambres dans le Royal Pavilion coûtait près de 2 millions de livres (2,24 millions d'euros), une maison *semi-detached*, à savoir mitoyenne, située dans le désertique nord-est de la ville, était proposée à 845 000 livres, soit 948 000 euros. Des prix élevés, alors que l'on pouvait trouver dans la ville de Dorchester, certes moins snob et ripolinée que Poundbury, mais plus historique et vivante, une maison mitoyenne de trois chambres pour 290 000 livres, soit 325 000 euros.

En longeant l'immense chantier de la quatrième phase de construction – au nord-ouest de la ville, dont les premières maisons encore inachevées sont des modèles plus ou moins uniformes et un peu plus modestes que l'actuel centre urbain –, on s'interroge : ce quatrième quart de la ville va-t-il se vendre aussi vite et bien que les trois premiers ? Et même si les agents immobiliers de Poundbury jurent tous qu'il s'agit d'un marché « très dynamique », que se passera-t-il en cas de blues post-Brexit, d'un possible ralentissement de la croissance économique, ou de la crise financière globale que certains voient venir ? Sommes-nous en face d'une bulle immobilière prête à exploser ?

Optimisme et spéculation

Amoureux de l'Espagne, l'auteur de ces lignes se souvient de ces faux villages vite édifiés le long de la plage de Vera, dans la province d'Almeria, en Andalousie, ces *urbanizaciones* intitulées Parque Tropical, Bahia Fenicia, La Kasbah, Altos de Nuevo Vera, Torre Mar, Sun State, Paraiso Playa. Chacune, avant que n'éclate la « bulle » immobilière espagnole de 2008, avait son style architectural propre, l'imitation d'un village mauresque, un faux pueblo mexicain, une fantaisie sévillane. On sentait de l'excitation dans l'air, de l'optimisme, et de la spéculation. Tout se vendait sur plan, comme des petits pains, sans apport ou presque, à des taux bas, mais flexibles, et tout se revendait vite, avec, souvent, une belle plus-value. Puis les taux ont remonté, les acheteurs se sont raréfiés, les vendeurs endettés ont désespéré, et les banques se sont retrouvées au bord du gouffre. La crise qui s'ensuivit transforma ces *urbanisations* en autant de quartiers fantômes, des immeubles immenses seulement habités par deux ou trois familles désemparées, des panneaux « à vendre » accrochés aux fenêtres et défraîchis par le soleil et le temps qui passe. Les maisons inachevées sont vite devenues des ruines modernes. Poundbury se trouve loin de Vera, certes, et ses constructions semblent de bonne qualité, mais l'image de ces fausses kasbahs marocaines et de ces villages mexicains bidon me revient en mémoire alors que j'arpente les rues longeant les chantiers, et je m'interroge sur la pérennité de cette étrange aventure urbanistique qu'est Poundbury.

Un modèle à suivre ?

Laquelle a rapporté jusqu'à présent beaucoup d'argent à ses promoteurs et au duché de Cornouailles qui a vendu les terrains lui appartenant, au fur et à mesure, et de plus en plus cher vu le succès de l'opération. Et quand le duché s'enrichit, son duc, Charles, fait de même. Poundbury, par ailleurs, a revitalisé la région de Dorchester. Le conseil du comté de Dorset a publié un rapport sur l'impact de Poundbury : la ville nouvelle a généré une demande de biens et de services au sein de l'économie locale de 98 millions de livres en moyenne chaque année entre 2010 et 2018. En 2026, date prévue pour la fin des travaux, les constructions devraient avoir engendré quelque 236 millions de livres et créé environ 2 500 emplois nouveaux. Au vu de ces résultats, le prince veut donc exporter son modèle en d'autres lieux. Il l'a fait déjà dans les Cornouailles, au sud-ouest de Newquay, le paradis des surfeurs britanniques, en créant un village fidèle aux principes du « Nouvel Urbanisme » et dont la construction a commencé en 2013. Baptisé « Nansledan », il a vite été surnommé « Surfbury ».

La Prince's Fondation, qui abrite notamment deux fondations antérieures dédiées à l'urbanisme et la régénération de vieux quartiers, joue son rôle dans ce domaine en réhabilitant, depuis 2008, la ville de Rose Town, en Jamaïque, avec l'aide d'apprentis et d'artisans locaux. Elle s'implique également dans certains quartiers de Freetown, en Sierra Leone, un pays longtemps ravagé par des conflits. Enfin, elle a commencé la réhabilitation de *hutongs* (les quartiers anciens) à Pékin.

Well done!

Le prosélyte de la ville à l'ancienne, de l'architecture d'avant-hier chauffée par l'énergie de demain, de l'urbanisme nouveau qui aime celui d'autrefois, est fier de Poundbury et de son modèle clés en main, prêt à remodeler le monde dans lequel nous vivons. Et donc, torse bombé et joues roses, il attendait sans doute avec impatience le verdict de ses parents, venus pour la première fois en 1998, cinq ans après le début des constructions, voir la ville de leur fils. En fait, le couple royal resta vingt minutes à Poundbury et n'émit aucun commentaire. Charles en fut sans doute meurtri. Puis, suivant le sage conseil du poète Henri Michaux, « ne désespérez jamais, laissez infuser davantage », il invita de nouveau ses parents à Poundbury en 2016, une fois The Queen Mother Square achevé. Pour cette nouvelle occasion, Elizabeth et Philip restèrent sur place soixante-dix minutes au cours desquelles le prince, après un bref discours prononcé d'une voix rauque, invita sa mère à dévoiler la statue de la reine mère et à déclarer le lieu ouvert au public. « Durant toute la cérémonie, aucun des deux parents de Charles n'émit le moindre sourire ni la lueur d'un regard admiratif. On aurait dit qu'ils étaient assis au milieu d'étrangers », écrit Penny Junor, qui se trouvait sur place, dans *The Duchess, The Untold Story*. Il fallut attendre que le couple rejoigne sa Bentley carrossée sur mesure pour que le duc d'Édimbourg se tourne enfin vers son fils, les mains serrées comme dans un applaudissement silencieux. « Du bon travail », lui dit-il, « *Well done!* »

Charles l'indémodable

Tout petit déjà, Charles portait une cravate. À présent septuagénaire, le prince de Galles reste le plus dandy des conservateurs. Il a son style, immuable, élégant, classique, confortable, et comme il ignore la mode, il ne peut être démodé.

Son modèle est simple : un costume, une chemise de Turnbull & Asser, sur Jermyn Street, une cravate, une pochette en soie toujours désassortie à la cravate, néanmoins en harmonie avec elle, parfois une fleur à la boutonnière, des « pompes » confortables et bien lustrées, faites sur mesure chez John Lobb, dont certaines remontent à la fin des années 1970 et qu'il porte encore. En hiver, le costume est souvent croisé, gris sombre, bleu nuit, mais jamais, à ma connaissance, à motif prince-de-galles. S'y ajoute un splendide manteau de tweed à double boutonnage croisé, taillé par Anderson & Sheppard, et un autre, couleur poil de chameau. Charles porte les deux depuis les années 1980. En été, on le trouve souvent dans un costume droit, gris clair ou beige. Enfin, on peut penser que ses tailleurs renforcent les coutures et élargissent la profondeur des poches des vestes du prince car il est rare qu'il n'y enfonce pas la main en marchant ou en parlant avec les gens.

L'ami du ravaudage

Rien d'excentrique, donc, mais de belles étoffes et de bons faiseurs, tous estampillés du prestigieux Royal Warrant des fournisseurs de la reine, du duc d'Édimbourg et du prince de Galles[1]. Parmi eux les tailleurs Anderson & Sheppard, sur Old Burlington Street, à Mayfair, Henry Poole, à Savile Row, qui a habillé Winston Churchill et peut réaliser le plus bel uniforme militaire, aussi galonné soit-il, ou Ede & Ravenstroft, toujours à Savile Row, sans doute l'un des plus anciens tailleurs de Londres, pour avoir ouvert sa boutique en 1689 à Aldwych, le quartier des juges et des avocats auxquels il fournit encore robes et perruques. Tous, dit-on, gardent les pièces des tissus des costumes du prince qu'ils ravaudent quand ils commencent à s'user.

Cette élégance simple et stricte se retrouve dans la jeunesse du prince qui, étudiant, portait toujours cravate et blazer à boutons dorés alors que les joyeuses années 1960 étaient plutôt débraillées. Des photos le montrent dans le même appareil assis devant son chevalet, exécutant une aquarelle en pleine nature. Charles ne s'affichait pas très rock'n'roll. Aujourd'hui non plus. Les années ont passé sans affecter ses tenues ni sa coiffure. A-t-il jamais porté de blue-jeans ? Les cheveux longs ? Des chemises à fleurs ? Fringué comme un vieux quand il était jeune, ce classicisme permanent donne l'impression qu'il reste le même, conservateur discret, avec ses jardins pas si secrets, ses lubies, ses bonnes causes.

Mais rien n'est moins faux. Charles a changé. Avec l'âge, l'argent, le bon usage de ce dernier, philanthropique et personnel, le retour de la confiance, une timidité et un malaise enfantin devenus des souvenirs anciens, il est bien dans sa peau. Constant et content. Camilla, il faut le dire, a joué un grand rôle dans cet épanouissement tardif. Aujourd'hui,

1. Quelque 170 entreprises (des fournisseurs ou pourvoyeurs de services) sont honorées par un Royal Warrant du prince.

Charles peut penser avec fierté qu'il n'a pas lâché prise, qu'il a résisté aux pressions, aux difficultés, fidèle à lui-même et à son premier amour, Camilla.

La constance en toutes choses

Un petit détour pour faire l'éloge, chez Charles, de la constance en toutes choses : l'écologie, l'amour, l'homéopathie, l'urbanisme, et ses costumes-cravates. Maintenant que sa cote de popularité a retrouvé un étiage qui ne devrait pas trop compliquer son accession au trône, il se moque pas mal de notre avis sur ses pochettes en soie, ses lubies architecturales ou médicinales, et il randonne toujours dans la campagne, heureux et psychorigide, son bâton de berger à la main, tel un prophète ancien.

Comme tout bon aristocrate anglais, il n'est pas seulement le citadin chic en costume sur mesure, mais aussi un ami de la ruralité. En 1971, le sinologue Simon Leys avait publié un essai sur la Chine intitulé *Les Habits neufs du président Mao*[1]. Concernant Charles – qui n'a rien à voir avec le vieux tyran chinois, admettons-le –, nous pourrions parler des « vieux habits du prince écolo ». Car il trouve, à l'occasion de ses promenades dans la nature et de ses chasses à la *grouse*, le prétexte d'une garde-robe rurale elle aussi à l'ancienne, costumes en tweed épais, les bas de pantalon enfouis dans ses bottes en caoutchouc Wellington, ses *« wellies »*, mais le cou toujours entouré d'une cravate. Seul le polo, qu'il a pratiqué jusqu'à l'âge avancé de cinquante-cinq ans – il l'a abandonné après quelques chutes spectaculaires et des blessures – donne du prince une autre image, comme le revers de la médaille du conformisme, celle d'un sportif au col ouvert d'une chemise aux couleurs de son équipe du moment, vêtu d'un pantalon blanc et de bottes de cuir. Dans cette tenue, jeune homme souriant à la victoire, il était

1. Champ libre, 1971.

splendide. On comprend pourquoi tant de jeunes filles de l'aristocratie rurale tombaient en pâmoison en le regardant jouer.

Un petit côté développement durable

À l'exception de quelques dîners en smoking, Charles, à Highgrove, s'habille à son image, celle d'un vieux gentleman-farmer. Des *wellies* aux pieds, de gros pulls en laine tissée par des artisans des Cornouailles, d'Écosse ou du pays de Galles, une Barbour raccommodée ou des vestes de chasse venues de magasins locaux, Charles abandonne la cravate, met ses gants de jardin et taille ses rosiers. Ses vêtements et lui-même ont un petit côté « développement durable » assez sympathique et qui lui va bien au teint.

Son élégance est sans frontière, comme son plaisir du déguisement, exercé généralement hors des limites du royaume. À l'exception de l'Écosse, sauf que sans doute le duc de Rothesay ne verrait pas d'un bon œil qu'on suggère qu'il se « déguise » quand il s'habille en Écossais en son duché. Soit. Sur place, donc, Charles porte toujours la tenue réglementaire d'un gentleman des Highlands : un kilt serré assez haut sur la taille et couvrant le genou ; un *sporran* – cette large bourse plate, généralement en cuir ou en peau de cheval, poils inclus, qui pallie l'absence de poches du kilt et reste attachée par une ceinture ; une veste courte de tweed, l'*Argyll jacket*, grise, vert pâle ou bleu, un gilet du même tissu et de la même couleur, sur une chemise et une cravate ; de hautes chaussettes de laine assorties au tartan du kilt avec un revers plié sous le genou et attaché par un ruban. Enfin, des chaussures de cuir à semelle épaisse lacées jusqu'au-dessus de la cheville. Le duc a belle allure aux fêtes écossaises de l'été, une canne à la main, l'autre maintenant son kilt stable afin de parer au moindre coup de vent.

Le beau petit soldat

Charles, qui eut à Cambridge une fugace vocation théâtrale, apprécie manifestement d'endosser des vêtements différents de ceux de son quotidien. D'une certaine façon, il joue toujours des rôles, d'autres personnages, et s'amuse avec ses multiples identités potentielles. Durant un voyage aux États-Unis, on l'a vu portant une coiffe de plumes de Sioux. En Arabie saoudite, on l'a retrouvé vêtu d'un *thawb*, cette longue chemise blanche couvrant le corps du cou jusqu'aux chevilles, et coiffé d'un *keffieh*. Ainsi vêtu, il a effectué une danse du sabre, ce qui lui fut reproché. En novembre 2019, en Nouvelle-Zélande, Charles portait une cape de plumes maorie.

Au fil des ans, on a aussi pu l'observer dans une large gamme d'uniformes militaires, et pourquoi pas puisqu'en juin 2012 la reine le nommait « commandant en chef des trois armes du royaume ». Ainsi est-il maréchal de l'armée de terre, amiral de la flotte, maréchal de l'aviation. Dès que l'occasion se présente, il frétille donc dans le plus bel apparat militaire, coiffé de l'immense toque de fourrure noire de la Welsh Guard, ou du petit béret du commando, la large casquette du marin. Viennent ensuite les vestes rouges de l'armée de terre, les élégants galons dorés sur le bleu marine de la Navy, et l'uniforme gris bleu des aviateurs. À chaque occasion, et parfois même en costume civil, le prince arbore toute une lignée de médailles. On peut les juger un peu trop nombreuses pour un soldat qui n'a jamais connu le combat, mais il faut avouer que Charles, qui garde le ventre plat, est assez pimpant dans ses beaux uniformes.

L'artisan moderne

Régulièrement classé dans les gazettes parmi les dix hommes les plus élégants de notre petite planète, et *le* plus élégant du monde par le magazine américain *Esquire* en 2009,

Charles est considéré par l'un d'entre eux, *GQ* (*Gentlemen Quarterly*), comme une « icône du style ». Charles affirma lors d'un discours que sa garde-robe évoluait tous les quarts de siècle, histoire de démontrer sans doute qu'il se situe bien au-dessus de ces dérisoires considérations vestimentaires. Un pieux mensonge. Ce qu'il porte lui importe. Son classicisme est calculé, raffiné, son goût sûr, sans faute ni ostentation. Et comme il transforme ou prolonge souvent ses passions en business (bio, jardins, maisons, villes nouvelles), Charles, à travers sa fondation, s'est investi dans un partenariat avec Yoox Net-a-Porter Group, une entreprise high-tech de vêtements de luxe sur Internet qui s'adapte, avec l'aide de data et d'intelligence artificielle, aux désirs de sa clientèle. Scellé le 13 novembre 2019, l'accord porte sur l'apprentissage du métier de la mode, un partenariat intitulé *The Modern Artisan Project* qui réunit de jeunes diplômés d'Italie et d'Écosse afin de développer une ligne de vêtements pour hommes et pour femmes. Les Italiens, qui étudient au Politecnico di Milano, travaillent sur la collection automne-hiver, les étudiants écossais, installés à Dumfries House, la propriété achetée en 2007 par Charles à New Cumnock, dans son comté de Carrick, fabriquent ces vêtements, apprenant ainsi les méthodes de l'industrie du luxe dans le but d'y trouver des emplois une fois leur formation achevée.

Le cercle vertueux

Dans cette affaire, il est intéressant de noter que Charles, conservateur en matière vestimentaire, s'allie à une entreprise ultra moderne dans ses processus et ses technologies. On constate aussi qu'il reste attaché à la notion d'apprentissage et d'artisanat, et à l'épanouissement d'une jeunesse qui rencontre des difficultés pour trouver sa voie. Enfin, dans cette histoire, il se montre sensible aux besoins de revitalisation d'un village écossais désolé, revitalisation entamée il y a plus d'une décennie avec l'achat et la rénovation du Dumfries Estate. Ainsi se développe un cercle vertueux comme le prince les aime, alors qu'il réunit plusieurs de ses actions en un tout cohérent. Holiste un jour, holiste toujours.

Le Grand Bienfaiteur

Charles est le bienfaiteur ou le président d'environ cinq cents organisations caritatives. Très actif pour les soutenir, il lève chaque année, avec elles et pour elles, environ cent millions de livres sterling. « Les *charities*[1] du prince de Galles travaillent pour transformer des vies et construire des communautés durables », peut-on lire sur le site officiel de Clarence House[2].

Au cours des quatre dernières décennies, Charles a construit un formidable édifice caritatif qui a aidé des centaines de milliers de gens au Royaume-Uni, et sans doute autant à l'étranger, à améliorer leur vie, leur emploi, leur environnement, leurs espérances. On peut parfois se moquer du prince sur certains sujets, mais il faut reconnaître qu'il agit de façon systématique et admirable en faveur de ses actions caritatives, avec comme priorités les valeurs qui lui sont chères, l'écologie, l'éducation, la jeunesse, l'urbanisme ou cette « harmonie » générale dont il semble poursuivre indéfiniment la quête, et dont on peut débattre. Force est de

1. On nomme ainsi, au Royaume-Uni, ces organisations caritatives.
2. Voir https://www.princeofwales.gov.uk/prince-waless-charities. En VO : « *The Prince of Wales's charities work to transform lives and build sustainable communities.* »

constater que ces valeurs ont structuré son action caritative au profit des plus fragiles.

The Prince's Trust

À l'origine et au cœur de cette remarquable entreprise se situe le Prince's Trust. Lequel est à la fois l'enfant du King George's Jubilee Trust, créé par le prince de Galles de l'époque, le futur Édouard VIII afin de célébrer dignement le jubilé d'argent de son père, George V, en 1935 –, et aussi le résultat d'un désir précoce de Charles d'agir en faveur des jeunes défavorisés, ceux qui n'arrivent pas à s'adapter à l'école ou à intégrer la société et le monde du travail.

Tout commence à se cristalliser en décembre 1972, quand le gouvernement conservateur de l'époque propose une loi offrant la possibilité d'une peine alternative à la prison aux jeunes qui se trouvent pour la première fois de leur vie devant un tribunal pour un délit mineur. L'auteur du projet, un officier de justice nommé George Pratt, est accusé d'excès d'indulgence par la droite et la presse. Charles l'invite à Buckingham et les deux hommes se mettent au travail sur un ensemble de stratégies pouvant aider les jeunes des quartiers les plus pauvres. Pour abriter ces actions, The King George's Jubilee Trust existe, certes, mais semble depuis longtemps en hibernation, et Charles a envie de créer son propre trust.

En 1976, il fonde donc The Prince's Trust, dédié à l'aide aux jeunes en difficulté et âgés de onze à trente ans, qu'ils soient au seuil du collège ou cherchant du travail. À Buckingham, personne n'apprécie cette initiative, mais elle s'est finalement développée avec le temps et constitue aujourd'hui l'une des actions les plus admirables du prince.

Les trois piliers

L'action du Trust s'articule autour de trois programmes : le premier, *Team* (« Équipe »), propose aux jeunes de seize à vingt-cinq ans, isolés ou désemparés, mais avec le désir d'évoluer, une session gratuite de douze semaines pour les aider à prendre confiance en eux, à maîtriser de nouvelles compétences, à rencontrer des gens de leur quartier avec lesquels définir un projet local et former une équipe. Encadrés par un éducateur, ils peuvent rénover des appartements anciens, apprenant ainsi la peinture, la menuiserie, la plomberie, ou encore concevoir un jardin, publier des livres pour enfants, ouvrir un stand de pâtisserie sur un marché, bref toute activité qui conduit à un métier, donc à un emploi ou un travail indépendant. Ces jeunes suivent aussi des cours de mathématiques et d'anglais, apprennent à remplir un curriculum vitae et à répondre à un entretien d'embauche. À la fin de ces douze semaines intensives, ils ont changé. Ayant réussi à faire des choses nouvelles, ils sont plus confiants, se révèlent moins rebelles et plus entreprenants. Selon le Prince's Trust, trois jeunes sur quatre trouvent un travail ou reprennent des études après avoir connu l'expérience de *Team*.

Le deuxième programme, *Get Into* (que l'on peut traduire par « Vas-y » ou « Entre »), s'adresse aux jeunes de seize à trente ans qui tentent d'entrer dans le monde du travail et voudraient se prévaloir d'une formation ou d'une première expérience professionnelle. En partenariat avec des sociétés commerciales, comme les grands magasins Marks & Spencer, la banque HSBC, ASOS (commerce en ligne), NHS (le Service national de santé), des entreprises techniques ou de construction, les services d'accueil ou d'aide aux personnes, *Get Into* a mis le pied à l'étrier à 6 000 jeunes en 2018. Tous sont entrés dans le monde du travail grâce à ce programme qui les a formés, leur a fait connaître l'art d'un bon CV ou les secrets d'un entretien d'embauche réussi.

Les cours de *Get Into* durent entre deux jours et plusieurs semaines, ils sont gratuits et n'affectent pas les allocations chômage que peuvent toucher les candidats. Dans certains cas, *Get Into* paie les frais de voyage ou de garde d'enfants, et les repas. Enfin, un tuteur du Prince's Trust ou un volontaire peut, pendant six mois, accompagner le jeune en question pour l'aider à transformer un stage en embauche, ou à planifier ses démarches en vue d'un autre emploi.

Le troisième programme, *Entreprise*, concerne les personnes âgées de dix-huit à trente ans qui veulent créer leur entreprise. Lui aussi gratuit, il se développe en quatre phases : une session d'information sur la création d'entreprises et l'aide que peut apporter le Trust ; un stage de quatre jours pour écouter des experts en planning, marketing, vente, fiscalité ; les conseils d'un tuteur pour ceux qui se montrent déterminés à poursuivre dans cette voie ; enfin l'étape du lancement de l'entreprise. Des spécialistes étudient le projet pour en évaluer sa fiabilité. En cas de doute, il peut être amendé, repensé, voire abandonné – l'aspirant se consolera alors en sachant que les leçons apprises lui seront utiles pour un nouveau projet plus prometteur.

Un million de jeunes

Tout ceci offre une extraordinaire opportunité à des gens qui n'attendaient pas grand-chose de l'avenir. Personne, avant qu'ils n'entendent parler du Trust, ne leur avait fait confiance ou tendu la main pour franchir le fossé – finalement pas si large – entre désespoir et enthousiasme. Depuis 1976, le Prince's Trust a contribué à l'emploi, l'éducation ou l'apprentissage de près d'un million de jeunes défavorisés au Royaume-Uni.

Par ailleurs, il existe un Prince's Trust Group au sein duquel on retrouve The Prince's Trust du Royaume-Uni, mais aussi un large réseau d'activités charitables dans trois pays du Commonwealth, Canada, Australie et Nouvelle-Zélande. Cette organisation internationale s'occupe à la fois d'aider les jeunes en difficulté et les populations indigènes, mais aussi de soutenir les projets de sauvegarde de l'environnement dans ces trois pays.

La fondation du prince

Parallèlement à ses activités caritatives dans le cadre du Prince's Trust, Charles a rassemblé quatre organisations qui lui sont chères au sein d'une unique fondation, The Prince's Foundation. Elle réunit The Prince's Regeneration Trust, The Prince's Foundation for Building Community, The Prince's Foundation School of Traditional Arts, The Great Steward of Scotland Dumfries House Trust.

The Prince's Regeneration Trust travaille au Royaume-Uni pour la rénovation et la remise en fonction d'édifices abandonnés qui ont une importance locale, historique ou architecturale. Cet effort porte particulièrement sur les bâtiments des quartiers pauvres afin que leur préservation redonne aux habitants à la fois du travail et un sentiment d'appartenance plus fort.

The Dumfries House Trust illustre de façon particulière cette volonté de raviver une communauté locale grâce à la réhabilitation d'un bâtiment que prône le Regeneration Trust. Nous avons évoqué la Dumfries House et les conséquences heureuses de sa réhabilitation pour le village de New Cumnock, en Écosse. De l'éducation des enfants à l'apprentissage de nouveaux métiers, de l'emploi local aux ateliers de confection de prêt-à-porter, le Dumfries House Trust se révèle exemplaire en matière de revitalisation d'un lieu qui symbolise une renaissance et le cercle vertueux du renouveau social et économique d'une région jadis dévastée par le déclin de ses industries.

On retrouve le même objectif avec The Prince's Foundation for Building Community, qui cherche à changer la vie des habitants d'un lieu en les impliquant dans un processus de revitalisation « harmonieuse » de leur environnement. L'éducation, les décisions collectives sur des projets locaux, l'aide apportée pour les évaluer puis les réaliser rendent les gens plus heureux, pense le prince, sans doute avec raison.

The Prince's Foundation School of Traditional Arts raconte une autre histoire, celle de l'obsession de l'harmonie qui caractérise Charles. Elle l'a conduit à créer une école formant des praticiens, chercheurs et théoriciens des traditions artistiques anciennes dont les études sont honorées par un master ou un doctorat. Des élèves plus jeunes peuvent en apprendre les rudiments en quelques sessions courtes. L'école exporte ses programmes et son modèle dans vingt pays dans le monde. L'un d'eux, Harmony, dédié aux écoles primaires, donne aux enfants, nous dit son site web, « une vision plus holistique du monde ».

La synergie de la charité

Parmi les quelque cinq cents organisations charitables dont le prince est un bienfaiteur, certaines ont été créées et financées par lui. Citons-en quelques-unes qui mettent en lumière la large gamme de sujets d'intérêt de Charles, et la synergie de ses valeurs que l'on peut observer dans toutes ces organisations.

Business in the Community (BITC) rassemble un réseau d'entreprises socialement et écologiquement responsables. The British Asian Trust offre aide et expertise aux communautés pauvres d'Asie du Sud, finance des programmes éducatifs, d'hygiène et d'actions contre les trafics d'êtres humains.

In Kind Direct promeut les dons de biens manufacturés par les entreprises et les distribue auprès d'organisations charitables au Royaume-Uni, en Europe et ailleurs.

Prime Cymru s'adresse aux Gallois de plus de cinquante ans qui cherchent un emploi ou un travail indépendant.

The Professional Teaching Institute aide les professeurs à retrouver le plaisir de leur spécialité et celui de l'enseigner. Il leur offre un matériel pédagogique plus engageant et enrichissant pour eux et leurs élèves.

The Royal Drawing School enseigne le dessin d'observation. Il propose des bourses d'étude et des cours sur la base du dessin pour les jeunes de dix à dix-huit ans.

The Turquoise Mountain Trust reconstruit des villes anciennes et réactive l'enseignement de pratiques artisanales traditionnelles qui conduisent à des emplois. L'organisation est active en Birmanie, en Arabie saoudite et en Afghanistan. L'auteur de ces lignes, lors d'un séjour à Kaboul durant l'hiver 2011, a vu – et admiré – la reconstruction, avec le recours aux pratiques et matériaux traditionnels, du vieux centre et du souk de la capitale afghane. De jeunes Afghans y apprenaient des anciens des gestes et techniques ancestrales qui, sans l'aide de ce trust, étaient voués à l'oubli.

Enfin, The University of Cambridge Institute for Sustainability Leadership (CISL) encourage entrepreneurs et politiques à s'engager dans les domaines de l'éducation et de la recherche, à mener des actions concrètes face aux défis mondiaux que sont le changement climatique ou la sécurité des ressources vitales pour l'humanité.

Camilla, infatigable militante

Charles est le protagoniste de ce livre, mais aussi le mari amoureux de Camilla, qui mérite dès lors notre attention dans ces pages. Il faut rappeler qu'elle fut avant son mariage avec le prince, et reste depuis, une infatigable militante pour la lutte contre l'ostéoporose. Dans une lettre ouverte publiée par le *Daily Mail* en 2011, Camilla évoquait sa mère, Rosalind, morte à l'âge de soixante-douze ans de cette maladie qui rend les os extrêmement fragiles.

« Voir quelqu'un que vous aimez mourir lentement, agoniser, et ne rien savoir de la maladie qui la tue, vous brise le cœur, écrivait-elle alors. Ma famille et moi avons regardé avec horreur ma mère rétrécir sous nos yeux. » Au cours de ses dernières années, Rosalind avait perdu vingt centimètres et était devenue si voûtée que s'alimenter normalement relevait pour elle de l'impossible. « À la toute fin de sa vie, elle ne pouvait plus respirer sans une bouteille d'oxygène ni se promener avec son déambulateur dans son jardin. Je crois que son état était devenu si terrible, et sa souffrance si insupportable, qu'elle a juste abandonné le combat et perdu sa volonté de vivre. »

Après la mort de sa mère, en 1994, Camilla rejoint la Société nationale d'ostéoporose, dont elle devient la présidente en 2001. La duchesse de Cornouailles est par ailleurs la bienfaitrice de quelque quatre-vingt-dix organisations charitables qui agissent dans plusieurs secteurs, notamment en faveur des victimes de viols et d'agressions sexuelles, de l'apprentissage et du goût de la lecture chez les enfants, du bien-être animal et des sans-abri, à travers, entre autres, son soutien à la communauté Emmaüs.

Le diplomate du *soft power*

L'époque est dure et l'Empire n'est plus. La relation dite « spéciale » entre le Royaume-Uni et les États-Unis est restée au congélateur. Le Brexit détache le royaume du reste de l'Europe, mais rien d'inédit à cela. La perfide Albion nous a déjà fait le coup. De nos jours s'ouvre un nouveau « splendide isolement », après le premier qui s'instaura quand les Britanniques se retirèrent du congrès de Vérone de 1822, refusant d'intervenir dans les affaires de la Grèce, de l'Italie ou de l'Espagne. Ils quittèrent alors ce que l'on appelait le « Concert de l'Europe » du congrès de Vienne de 1815, un moment heureux qui tourna avec soulagement la page de l'ère napoléonienne. À l'époque des discussions de Vérone, on entendit des propos que nous retrouvons aujourd'hui dans l'actualité. Ceux de George Canning, par exemple, grand homme d'État du début du XIXe siècle, dont l'historien britannique Harold Temperley, dans un ouvrage publié en 1925[1], résume ainsi la pensée : « Pas d'intervention, pas de système de police européen, chaque nation pour elle-même et Dieu pour tous, l'équilibre des pouvoirs, le

1. Harold William Vazeille Temperley, *The Foreign Policy of Canning, 1822-1827: England, the Neo-Holy Alliance and the New World*, Londres, G. Bell and Sons, 1925.

respect des faits, pas de théories abstraites, le respect des traités, mais ne pas les élargir, l'Angleterre et non l'Europe dont le domaine s'arrête aux côtes de l'Atlantique, là où commence l'Angleterre. »

L'illusion du Commonwealth

En termes plus galants, on retrouve ici l'équivalent du *« Brexit is Brexit »* de l'ancienne Première Ministre Theresa May. Son successeur, Boris Johnson, compte sur le Commonwealth pour remplacer l'Union européenne, son grand marché et ses bureaucrates bruxellois, et pour faire du Royaume-Uni *« a Global Britain »*. Ce rêve impérial d'une vaste zone de libre-échange réunissant 53 pays, pour l'essentiel les anciennes colonies et dominions de la Couronne, relève d'une illusion. Le Commonwealth – né d'une association informelle en 1931, puis formalisée en 1949, présidée par la reine et bientôt par Charles, dont la succession prochaine a été agréée, en avril 2018, par tous les chefs des États membres réunis à Windsor – constitue un assemblage de nations hétéroclites. Certes, il comprend quelques mastodontes dont l'Inde, tournée vers l'Asie, le Canada, intéressé par l'Europe, l'Australie, au-dessus de laquelle pèse le poids d'une immense Indonésie de 266 millions d'habitants en majorité musulmans, ou encore le Nigeria, le géant pétrolier problématique du continent africain. Mais les autres pays membres ne sont parfois que de minuscules îles, comme Sainte-Lucie aux Caraïbes, ou les Tonga, dans le Pacifique. Ensemble, ils représentent un tiers de la population de notre planète, un cinquième de ses terres, et espèrent constituer un PIB commun de 13 000 milliards de dollars américains en 2020, soit seulement 11,31 % du PIB mondial, évalué à plus de 87 200 milliards en 2019.

« Le Commonwealth a mon âge »

Le Commonwealth, dont le nom évoque une « prospérité commune », Charles y pense et l'aime depuis longtemps, dès sa prime jeunesse, en fait, quand il fréquente un collège australien et qu'il profite de ce séjour pour visiter la Papouasie-Nouvelle-Guinée. « Le Commonwealth est aussi vieux que moi – mais peut-être en meilleur état – et il est resté présent tout au long de ma vie », déclara-t-il un jour de l'an 2000 à Trinidad. Dans cette allocution, le prince chante les louanges de la diversité des pays qui composent cette association, et « leurs étranges mélanges de similarités et de différences ». En conclusion, il évoque la chance de chacun d'avoir hérité d'« un ensemble de valeurs qui coexistent dans nos cultures, qu'elles soient chrétienne, hindouiste ou caraïbe, et forment le plus solide des ponts. Et cela concerne une compréhension commune des mécanismes de la démocratie parlementaire, de la loi, et l'importance de vertus difficiles à définir, mais faciles à reconnaître – une singulière forme de décence et d'humanité ».

L'écologie, l'harmonieuse et la circulaire

Dans les années 1970, la vie de Charles, jeune officier de marine, le fait caboter dans les Caraïbes d'une île du Commonwealth à l'autre. Depuis, il n'a jamais cessé de parcourir de long en large ces nations disparates, unies souvent par leur seule appartenance au « club » du Commonwealth. Bien sûr, Charles y voit un vaste ensemble d'alliés et de partenaires commerciaux, mais le traditionaliste qui sommeille en lui doit aussi penser que cette association rassemble les débris de l'Empire, des morceaux épars qu'il faudrait recoller, non par la géographie, évidemment, mais par l'action, la bonne action, présentée aimablement, l'écolo, l'harmonieuse et la circulaire. Et afin de convaincre ses interlocuteurs, il doit poliment poursuivre – pour l'avenir de la Couronne, qui est aussi le sien si cette dernière se pose un jour sur sa tête –, sa diplomatie du *soft power.*

« *You, Vanuatu, number one!* »

Et de fait, le prince de Galles donne de sa personne. Toujours prêt à servir la reine et son Commonwealth, il parcourt le monde, avec sa femme, sa suite, son médecin de la Navy, ses flics, et ses nombreux bagages.

Entre 2018 et fin 2019, Charles a visité quatorze des cinquante-trois pays du Commonwealth, et plusieurs fois il était accompagné de Camilla qui donne à ces escapades une touche de légèreté joyeuse. En avril 2018, tous les deux inaugurent ainsi, à Brisbane, sur la Gold Coast australienne, les 21e Jeux du Commonwealth. Charles se rend ensuite seul au Vanuatu pour une journée. À Port-Vila, il rencontre les chefs de tribus dans leur *nakamal*, une maison traditionnelle au toit de palmes. Devant une petite foule enthousiaste, il déclare son admiration pour le pays dans un anglais *globish*[1] : « *You, Vanuatu, number one!* » De retour en Australie, Charles visite Cairns, dans le Queensland, et se préoccupe du sort de la Grande Barrière de corail, un trésor de l'humanité qui longe la côte ouest de l'Australie sur quelque 2 300 kilomètres et qui s'érode pour cause de réchauffement climatique, de pêche illégale et de tourisme. Il monte ensuite vers le Territoire du Nord et atterrit sur le petit aéroport de Gove où l'attendent des aborigènes *yolngu*, un peuple qui se dit l'héritier d'une culture vieille de plus de 40 000 ans. Leur chef invite le prince anglais à une cérémonie de bienvenue organisée dans un village proche. Costume beige et cravaté de soie, Charles entreprend une balade en forêt avec ses hôtes, une dizaine de guerriers fort peu vêtus et le torse recouvert d'une teinture blanche. Arrivés au village, le chef en question lui offre

1. Surnom donné à l'anglais globalisé.

un sac de paille tressée bordé d'une guirlande de plumes blanches qu'il lui pose en bandoulière autour du cou, et le coiffe d'un bonnet également de plumes blanches. Et c'est dans cet étrange attirail que le prince prouve une nouvelle fois son abnégation et le fait que le ridicule ne tue pas. Plumes sur la tête et sac de paille sur l'estomac, il finit dignement sa journée en assistant à la danse des guerriers sous une chaleur de plomb.

Charles refait plus ou moins le même numéro lors de son voyage aux îles Salomon, en novembre 2019, en s'adressant aux habitants d'Honiara, la capitale de cette nation du Pacifique Sud, dans leur patois dominant, le *pidgin english*, analogue au créole français des Antilles. « *Mi hapi visiting to place blong yu fela* » (« Je suis heureux de visiter votre pays, mes amis »), déclare sous les applaudissements cet homme blanc au sourire débonnaire connu ici comme le « *Namber Wan picannini blong Mrs Quin* », autrement dit : « Le premier enfant de Madame la reine ».

Une civilisation rationnelle et sensible

En juin 2018, Charles et Camilla célèbrent le 150e anniversaire de la Confédération canadienne. À l'automne, le couple visite la Malaisie où Charles, lors d'un dîner de gala à Kuala Lumpur, fait l'éloge de « l'économie circulaire qui élabore des partenariats et développe un modèle économique qui régénère, crée, utilise, retrouve, recycle et répare ». Et le prince d'inciter les pays du Commonwealth à jouer « un rôle pivot » dans cette aventure. Ils peuvent compter sur « une variété particulièrement large de nations, d'expériences, de traditions et, surtout, d'associations professionnelles, et tout cela rend le Commonwealth unique en son genre dans le monde. Il peut trouver des solutions dont nous avons, maintenant, désespérément besoin ».

Le couple princier poursuit son voyage à Singapour, à Brunei, en Inde. Peu de temps après cette tournée asiatique,

Charles se rend seul aux Caraïbes pour visiter les îles menacées par la montée des eaux due au changement climatique, occasion pour lui de rappeler le « déséquilibre » de notre relation avec la nature. Il remet le sujet sur la table lors d'une conférence à Malte – elle aussi une île du Commonwealth – intitulée « Notre océan », au cours de laquelle il dénonce « l'absence du sentiment d'urgence » à l'égard du réchauffement climatique et de la mer. Sans action contre celui-ci, estime-t-il, « nous ne pouvons prétendre appartenir à une civilisation rationnelle et sensible ».

En novembre 2018, Charles célèbre avec famille et amis (magiciens inclus) son soixante-dixième anniversaire, et ne lâche pas pour autant la barre.

Cuba, étape incongrue

En 2019, il reprend son bâton de pèlerin dans ces miettes de l'Empire défunt et ajoute à son agenda du printemps une nouvelle tournée dans les Caraïbes. Au programme, Saint-Kitts-et-Nevis, la Grenade, Sainte-Lucie, Saint-Vincent, les îles Grenadines, la Barbade et, en point d'orgue, une étape inédite et curieusement peu controversée au Royaume-Uni : Cuba.

Et là, nous sortons de l'aimable routine du voyage en terrain conquis pour entrer dans une dynamique nouvelle – celle du Foreign Office, le ministère britannique des Affaires étrangères, qui souhaite, selon la BBC, décongeler les relations avec cet ancien adversaire de la guerre froide sous prétexte que le régime castriste aurait montré quelques signes d'« ouverture économique et sociale », ce qui reste à prouver.

Charles et Camilla atterrissent sur la « Grande Île », comme on surnomme Cuba, le 25 mars 2019, et tout devient un peu dérangeant. Les honneurs militaires rendus par un défilé au pas de l'oie, la photographie du prince sur fond de place de la Révolution ornée de l'énorme sculpture murale du visage d'Ernesto Guevara, alias « le boucher de la Cabaña » – le nom d'une forteresse qui domine le port au sein de laquelle, entre janvier et juillet 1959, le Che fit exécuter près de 180 personnes condamnées à mort par un tribunal « révolutionnaire »[1]. Un dîner a lieu avec le président cubain, Miguel Díaz-Canel, apparatchik du Parti communiste cubain qui n'a guère montré, jusqu'à présent, de zèle réformateur alors qu'il s'inscrit à travers chacun de ses discours dans la ligne de la *Revolución*, toujours fort éloignée de l'idée de démocratie.

Notre touriste à La Havane

Bizarrement, on retient de ce *soft power* en terre castriste une image incongrue : celle du prince et de Camilla à bord d'une vieille MGT des années 1950, prêtée pour l'occasion par le membre d'un club de propriétaires de vieilles voitures anglaises, lesquels ne sont pas nombreux dans une île toujours affligée par la pauvreté, la répression des dissidents et le désir d'exil.

On ne sait rien de ce qui s'est dit au cours du dîner avec Díaz-Canel, et peut-être quelques entreprises britanniques viendront-elles bientôt rejoindre grâce à cette soirée les autres, canadiennes, espagnoles ou françaises, qui investissent dans l'île sans trop se poser de questions sur la nature du régime qu'elles contribuent, hélas, à consolider. À notre connaissance, aucun prisonnier politique n'a été libéré à l'issue de ce voyage. Contrairement au roi Felipe d'Espagne à La Havre en novembre 2019, Charles n'a évoqué en public, lors de son séjour, ni la démocratie ni les droits humains. Avec Camilla, il semble n'avoir fait que du tourisme dans la Vieille Havane en agitant la main pour saluer les badauds. Sa balade en voiture ancienne relevait

1. Lire à ce sujet Jacobo Machover, *La Face cachée du Che*, Buchet-Chastel, 2007.

sans doute, pour lui, de ce *soft power* dont il est généralement un habile praticien. Mais elle s'est révélée assez obscène car fort décalée par rapport à l'actualité d'un pays dont la population reste condamnée à la misère et à l'obéissance à l'égard d'autorités locales depuis longtemps illégitimes et épuisées, mais toujours brutales.

Épilogue

Amour, hasard et nécessité

Le hasard

« Nous vivons par hasard[1] », nous rappelle Montaigne. Ainsi le hasard de la naissance a déterminé une vie qui aurait pu être tout autre si Charles n'était pas né fils aîné d'une reine. Il semble évident que ce hasard constitue, pour l'enfant, un fardeau lourd à porter. Le hasard, encore, d'une mère distante et d'un père autoritaire rend sa jeunesse malheureuse et solitaire. Et si, jeune homme, Charles peut rouler d'un château familial à l'autre en Aston Martin décapotable, disposer de domestiques et d'assistants, hériter d'une grande fortune, jouer au polo et séduire de jolies jeunes filles, il reste insatisfait d'une vie prédestinée sur laquelle il n'a pas encore de prise. Futur roi, peut-être, mais que faire en attendant ? Quel métier choisir ? Quel rôle, quelle place dans la société peut-il trouver pour donner un sens, une utilité, une direction à son existence ? Jusqu'alors, seule la contrainte de l'attente a marqué son avenir. Il s'angoisse un certain temps

1. *Essais* 2.1, p. 320, *Œuvres complètes*, Gallimard, « Bibliothèque de la Pléiade ».

devant la longue page blanche de sa vie sur laquelle il ne sait quoi écrire. Il manque d'inspiration, laquelle, disait Picasso, « vient en travaillant ». Puis le hasard, toujours lui, celui du train des pensées, plus ou moins fugitives, qui traversent les méditations d'un jeune homme que la solitude conduit à l'introspection, à la quête d'une transcendance. Charles perçoit de façon progressive l'émergence d'un ordre naturel, d'une esthétique mystérieuse, d'une harmonie spontanée qui semble universelle et dont on peut étudier les règles et les formes. Ces pensées dessinent le chemin d'un avenir intellectuel et spirituel singulier. Elles vont l'aider à définir ses priorités et à structurer son action.

D'abord, le respect de la nature. Chez Charles, elle se révèle la matrice d'une pensée écologique qui le conduit à se passionner pour l'agriculture, donc l'alimentation, les forêts et les paysages, la biodiversité, les ressources en eau. De la nature, aussi, vient l'harmonie, qui va mobiliser son attention non seulement sur les paysages ruraux, mais aussi l'architecture des villes, et cette observation le conduira à réfléchir à l'urbanisme et à y penser avec tant de passion qu'il accomplit une expérience *in vivo* de son idéal urbain avec Poundbury, dans le Dorset, et Nansledan, en Cornouailles. Charles retrouve aussi l'harmonie dans l'architecture religieuse. Il en tire comme leçon que toutes les croyances se ressemblent. Les fidèles de chacune d'entre elles prient sous les voûtes d'édifices respectant tous les mêmes règles d'or. De là vient son œcuménisme jugé singulier pour un futur défenseur de la foi anglicane. Enfin, selon lui, la nature et son harmonie constituent des remèdes à beaucoup de nos maux.

La nécessité

Lesquels sont nombreux, et là nous passons du hasard à la nécessité, pour reprendre une formule de Jacques Monod utilisée à propos de choses bien plus savantes et mystérieuses que celles qui nous occupent avec Charles, puisqu'il s'agit du vivant microscopique qui, « tiré du pur hasard, entre dans la nécessité[1] ». La nécessité ici est celle des spécialistes et des experts de contrer les certitudes du prince se mêlant trop souvent de ce qu'il ne connaît pas, mais qu'il prétend appréhender de façon intuitive. Une fois son opinion faite, il n'en démord plus et la martèle en autant de fausses vérités propres à influencer ses sujets. Certes quand Charles se trompe, il agit sans malice. Mais il prétend, hélas, ne jamais être dans l'erreur. Il persiste et signe, et ce n'est pas son entourage et sa cour qui se permettront de le contredire. Jamais ce prince psychorigide n'a avoué un seul doute, reconnu une indécision. Cet ancien timide entre comme un taureau dans l'arène de la controverse en oubliant son amateurisme. Quand il s'agit d'aquarelle, de jardinage ou d'art ancien, Charles reste inoffensif comme le serait un amateur de timbres-poste ou de romans d'amour. Cependant, quand il touche aux domaines de l'agriculture industrielle, de l'urbanisme ou de la santé, il se heurte aux critiques acerbes de professionnels qui non seulement jugent le prince dans l'erreur, dans l'irresponsabilité, mais pis, dans l'illégalité. Il franchit la ligne rouge séparant la monarchie sérénissime du débat politique animé.

Tout, dans une société moderne, étant politique, voilà le malheur de Charles. Quoi de plus politique, en effet, qu'une « politique agricole », une « politique de l'habitat », de « la ville », de « l'aménagement du territoire », de « la santé publique » ? En Angleterre, qui n'est pas une république laïque, même la religion anglicane et son histoire sont éminemment politiques. Dès lors, on prie le prince de se taire, or le consensus n'est pas sa tasse de thé. Il défend bec et ongles ses certitudes et prêche son gospel comme un

1. *Le Hasard et la Nécessité. Essai sur la philosophie naturelle de la biologie moderne*, Seuil, 1970, p. 135.

témoin de Jéhovah nous annonçant l'apocalypse. Il promet d'éviter tout écart une fois sur le trône. Il va s'ennuyer.

Souvent, cependant, Charles a de bonnes raisons d'insister. À côté de ses lubies, il émet aussi des idées raisonnables. Dès l'âge de vingt ans, il s'intéressait à l'écologie, une passion de toute une vie qui a fait de lui l'un des doyens les plus respectés de la lutte contre le réchauffement climatique. Il peut aussi parler avec compétence de l'insertion des jeunes en difficulté dans le monde du travail, de l'agriculture biologique et de ses techniques, des religions des autres dont il a lu les textes sacrés. Enfin, en prônant les charmes et la qualité des productions artisanales, en valorisant leurs acteurs, en aidant à l'apprentissage, la pratique, puis la maîtrise de techniques et de gestes ancestraux, Charles préserve l'histoire et son héritage qu'il eût été dommage d'oublier.

L'amour

Pour un futur roi, l'amour est un concept flou. « Être amoureux, qu'est-ce cela veut dire ? » s'interrogeait Charles, assez tardivement – il avait alors trente-trois ans –, lors de ses fiançailles avec Diana. « J'appelle amour ce qui n'a pas d'autre nom », aurait pu lui répondre Lucile, héroïne d'une pièce de Jean Giraudoux[1]. Mais pareil emballement pour l'innommable absolu n'est pas dans la nature du prince. Il a beau jeter Descartes aux orties, se fier à l'intuition, l'instinct, « la superstition du cœur » que lui vantait jadis son vieux gourou Laurens van der Post, il ne veut pas faire d'histoire, embarrasser ses parents, fragiliser la monarchie. Il accomplit son devoir dynastique et se cherche une épouse correspondant aux cyniques critères de son oncle Louis Mountbatten : une jolie jeune fille aristocratique, anglicane et vierge, pour assurer la succession dynastique. Et pour le plaisir, ce ne sont pas les femmes qui manquent.

1. *Pour Lucrèce,* in *Théâtre complet, 3,* Grasset, 1971, p. 265.

Charles aimerait concilier devoir et plaisir en une seule personne, ce serait peut-être cela, l'amour. Il a rencontré quelques charmantes jeunes femmes qu'il a bien aimées, notamment une certaine Camilla, bonne vivante et tout à fait sympathique, mais Mountbatten pose son véto. Ce sera donc Diana, oie blanche, aristocrate, folle amoureuse, le sourire décoiffant et l'anorexie facile.

Le potentiel érotique de sa femme est considérable, et Charles s'imagine amoureux. Deux garçons naissent de cette union compliquée qui dure au-delà du raisonnable, s'étiole et se termine par un divorce. Après la mort accidentelle de Diana et son sacre posthume de « Princesse du peuple » revient Camilla qui, d'ailleurs, n'était jamais vraiment partie. Charles, enfin, a compris ce qu'était l'amour. « En fait d'amour, vois-tu, trop n'est pas même assez[1] », déclarait Suzanne à Figaro.

La fragilité

« Fragilité, ton nom est femme[2] », affirme Shakespeare. Rien n'est moins sûr. S'il s'agit bien d'un nom féminin, la fragilité affecte aussi les hommes, les sentiments, les nations, l'économie et les institutions. Au cours de sa vie, Charles l'a bien connue, de l'enfance à la vieillesse, entre sa solitude, Diana, ses convictions, son avenir, sa propre famille. Seule sa mère, la « grande muette », fut sans doute un roc. Son père l'impertinent s'enferma – ou plus probablement fut écarté – loin du monde, trop vieux et toujours méchant. Sa tante Margaret, désespérée d'être née trop tard, brûla la chandelle par les deux bouts et s'exila sur l'île Moustique. Son frère Andrew, héros des Malouines et des faits divers, fut placé par prudence en orbite de la planète Windsor.

1. Pierre Augustin Caron de Beaumarchais, *Le Mariage de Figaro,* Presses-Pocket, n° 6168, p. 196.
2. *Hamlet,* trad. François-Victor Hugo, Garnier-Flammarion, n° 6, p. 264.

Quant aux fils de Charles, William se montre encore un peu trop gauche pour incarner la nation, et Harry si adroit qu'il tire sa révérence et prend le large avec femme et enfant. La monarchie n'est pas vraiment au top de sa forme.

Durant le calamiteux printemps 2020, le prince, atteint par le coronavirus, exposa sa fragilité, celle d'un homme ordinaire, fiévreux, affaibli et fragile, confiné dans une aile d'un château en Écosse, alors que dans l'autre aile, Camilla, son amour, l'espérait et s'inquiétait.

Lui qui attend la mort de sa mère a failli perdre la vie.

Table

Troisième partie

AMOURS ET AVANIES

Quatrième partie

LE TSUNAMI DIANA

Cinquième partie

L'APRÈS-DIANA

Sixième partie

AMOUR, CONSTANCE ET SÉRÉNITÉ

Septième partie
LE PRINCE EN SES PROVINCES

Huitième partie
ACTIVISME ET BIZARRERIES

Remerciements

Je remercie ma maison d'édition de publier ce livre, Liliane Delwasse pour m'avoir incité à l'écrire, et mon confrère et ami Marc Roche, correspondant de l'hebdomadaire *Le Point* à Londres, pour m'avoir ouvert sa porte, son agenda et ses précieuses archives.

Merci aussi aux Britanniques que j'ai rencontrés et qui m'ont donné leur avis sur le prince Charles.

Enfin, comme tous les livres, celui-ci s'est nourri de la lecture de beaucoup d'autres, et j'exprime ici ma gratitude aux auteurs cités.

Cet ouvrage a été composé
par Facompo
à Montrouge (Hauts-de-Seine)

Impression réalisée par

NORMANDIE ROTO IMPRESSION S.A.S.
à Lonrai (Orne)

en février 2021
pour le compte des éditions de l'Archipel,
département éditorial de la S.A.S. Écriture-Communication

Imprimé en France
N° d'impression : 2100451
Dépôt légal : mars 2021